中国近代西方政治学文献丛刊（第五辑）

国家论

国家论

主编：杨雪冬

执行主编：张远航 许超

CCTP
中央编译出版社
Central Compilation & Translation Press

图书在版编目（CIP）数据

国家论 / 杨雪冬主编 . -- 北京 : 中央编译出版社 , 2024.1
（中国近代西方政治学文献丛刊 . 第五辑 : 国家论）
ISBN 978-7-5117-4378-7

Ⅰ . ①国… Ⅱ . ①杨… Ⅲ . ①国家理论 Ⅳ . ① D03

中国国家版本馆 CIP 数据核字 (2023) 第 208996 号

国家论

选题策划 张远航
责任编辑 张 科
责任印制 李 颖
出版发行 中央编译出版社
网 址 www.cctpcm.com
地 址 北京市海淀区北四环西路 69 号（100080）
电 话 （010）55627391（总编室） （010）55627362（编辑室）
（010）55627320（发行部） （010）55627377（新技术部）
经 销 全国新华书店
印 刷 廊坊市印艺阁数字科技有限公司
开 本 787 毫米 ×1092 毫米 1/16
字 数 114 千字
印 张 17
版 次 2024 年 1 月第 1 版
印 次 2024 年 1 月第 1 次印刷
定 价 2800.00 元（全 4 册）

新浪微博： @ 中央编译出版社 **微 信：** 中央编译出版社（ID：cctphome）
淘宝店铺： 中央编译出版社直销店（http://shop108367160.taobao.com）（010）55627331

著者、譯者小傳

許超

作者弗蘭茨・奥本海末爾（Franz Oppenheimer，1864—1943），德國猶太社會學家、政治經濟學家。曾于弗萊堡和柏林學習醫學，1886年至1895年在柏林行醫。自1890年以後，奥本海末爾開始傾向于研究社會政治學和社會經濟學問題。後弃醫從文，擔任《上午世界》雜志的主編。1909年，奥本海末爾憑借一篇研究大衛・李嘉圖的論文獲得基爾大學的博士學位。自1909年至1917年，奥本海末爾在柏林任無薪講師及挂名教授。1914年，他成爲『解放俄國猶太人德國委員會』組織聯合創始人之一。1919年，他擔任法蘭克福大學社會學和理論政治經濟學系主任。1934年至1935年期間，奥本海末爾在巴勒斯坦教書。1936成爲美國社會學協會的榮譽會員。1938年，爲了逃離納粹的迫害，奥本海末爾抵達美國洛杉磯。1941年，奥本海末爾參與創建《美國經濟學和社會學雜志》。

譯者陶希聖（1899—1988），名匯曾，字希聖，筆名方峻峰。湖北黄岡人。1918年，陶希聖就讀于北京大學法科專業，1922年，畢業後任安徽省法政學校教員。1924年，陶希聖任上海商務印書館編譯所編輯，同時在上海大學、上海法政學院、東吴大學等校講授法學和政治學，并主編《獨立評論》周刊。1927年，陶希聖赴武漢，先後任中央軍事政治學校武漢分校政治教官、國民革命軍中央獨立師軍法處處長、武漢分校政治部宣傳處處長兼《黨軍日報》主編等職。1928年，陶希聖任國民黨政府南京中央軍校高級政治教官兼政治部訓導處處長。1930年後，陶希聖在上海商務印書館總管理處、復旦大學及復旦中學任職任教。1931年初，陶希聖任教于南京中央大學，後改任北平任北京大學、北京師範大學等校教授。1934年，陶希聖在北平創辦《食貨》雙月刊。1939年8月，陶希聖任南京汪精衛僞『國民黨』中央宣傳部部長，1940年1月，因對汪精衛失去希望逃至香港，與高宗武披露了汪日簽訂賣國『密約』內容。1942年，陶希聖抵達重慶，任國民黨中央機關刊物《中央日報》編輯。1943年10月，陶希聖任《中央日報》總主筆。1947年，陶希聖任國民黨中央宣傳部副部長、蔣介石侍從秘書。1955年後，陶希聖辭去《中央日報》總主筆，改任該報社董事長。1988年6月27日在臺北病逝。主要著作有：《中國社會與中國革命》《中國封建社會史》《中國政治思想史》等。

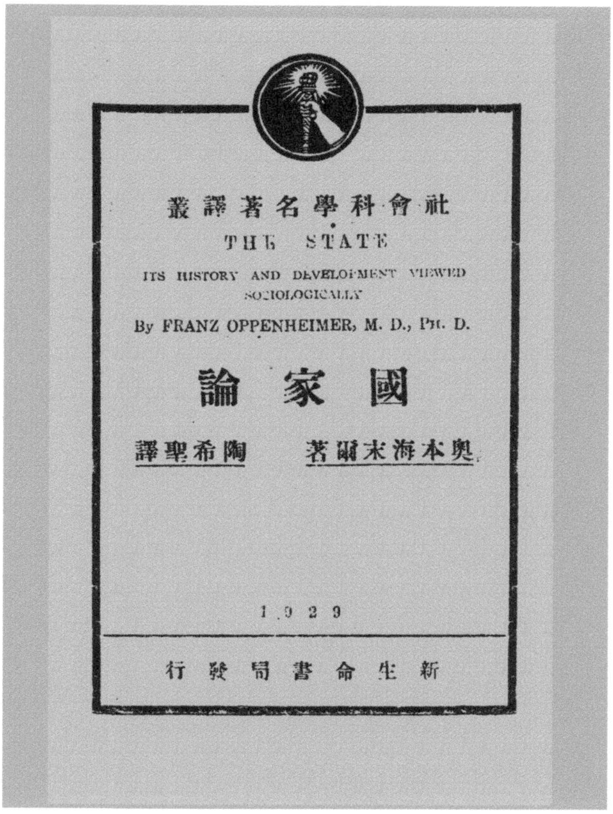
社會科學名著譯叢

THE STATE

ITS HISTORY AND DEVELOPMENT VIEWED SOCIOLOGICALLY

By FRANZ OPPENHEIMER, M. D., PH. D.

國家論

奧本海末爾著　陶希聖譯

1929

新生命書局發行

著　　作　《国家论》

著　　者　[德]奥本海末尔

译　　者　陶希圣

出版时间　1929 年

国家论

社會科學名著譯叢

國家論

奧本海末爾著
陶希聖譯

國家論 目錄

譯者序言

Franz Oppenheimer 一八六四年生于柏林，初爲醫學家，棄其所學而以政治經濟家馳名于世。一〇九九年爲柏林大學經濟學講師，一九一九年爲佛蘭克阜大學社會學教授。國家論出版于一九〇八年，其賅博精審，使從來反對他的學者吃驚而爲之箝口。例如華格納（A. Wagner）在康拉脫國家學辭典內 Der Staat in naturokonomischer Hinsicht 論文中說道：

此種社會學的國家觀念，特別是與本海末爾的廣大觀察與研究，對于國民經濟學家，及政治史家，實值得愼密考慮。從這個觀點，由國民經濟的發達及有史時代國家的發達所指出來的景色，即對于反對此觀念的論敵，亦不能不使之首肯。

這是不錯的。著者對于馬克斯是反對的，而馬克斯主義者對于著者的論斷卻不得不爲之首肯。現在再舉一個例：布哈林的轉形期經濟學說道：

奧本海末爾對于「歷史的國家」下如次之定義。「國家，自形式上觀之，是獲勝利之一羣對于被征服之一羣所加的一個法律制度。自內容上觀之，是上級羣對下級羣的統治」。若把階級自身的掠奪問題及階級自身是否由經濟以外征服的事實發生的問題，置于度外，則我們不得不認定奧本海末爾所謂「統治」的公式，在本質上是正確的。（日譯本，二七頁）

依此可知本書確有「對于論敵不能不使之首肯之點」。本書的價值不待譯者鼓吹了。

著者的論斷與馬克斯的論斷原有根本不同之點。著者以爲原始國家的發生是由于一種族對他種族的征服。馬克斯則以爲國家的發生是由于社會內部的分裂，換句話說，國家是階級社會自發的階級統治。

國家不是由外部而加于社會的權力。也不是如黑格爾所主張的「道義的觀念之現實性」及「理性的容態及現實性」。國家實爲到達一定發達階段的社會之生產物。國家是該社會有了自己不能解決的矛盾，分裂爲不可調和的對立，而無力除去其對立的表示。此相與對立，相與對抗的經濟利益的諸階級，爲使自己及社會不亡于無益的鬥爭，於是妨止軋轢，抑制于「秩序」的範圍以內，而建立于社會之上的權力，有其必要。此由社會而出，居社會之上，而漸與社會無關的權力，便是國家。（Engels, Origin of the Family 日本西雅雄譯本三〇九頁）

他並不否認征服可以成立國家，不過以爲征服是國家成立的諸形式之一種。最純粹最典型的形式卻是氏族社會內部發生階級對立而直接成立的國家。這是馬克斯與本書著者不同的。

馬克斯與本書著者相同的是認定國家爲剝削階級對被剝削階級的統治。昂格思說道：

文說道：

> 國家不外乎一階級對他階級壓迫的機器，在民主共和國內亦不滅于君主國家。(Marx's Civil War in France 序文)

> 文明社會的團結便是國家，這在一切典型的時期內常爲統治階級的國家，在一切情形內常爲統制被壓迫被剝削階級的機器。(Origin of the Family, 三二二頁)

這與奧本海末爾的見解是一樣的。奧氏就于國家的最後階段卽現代立憲國家說道：

> 其形式仍然是統治，其內容仍然是經濟手段的剝削。……其對內政策仍然決定于階級鬥爭的離心力與國家公共利益的向心力所規定的軌道；其對外政策仍然決定于統治階級的利益……。

不過奧本海末爾重視國家的公共利益。國家公共利益的向心力與階級鬥爭的離心力是國家生活的兩個槓桿。依于前者乃有完整化的過程，依于後者乃有分化的發展。這與馬克斯的國家觀不同。但是，馬克斯主義者對于國家公共利益並不忽視。

他說道：

依分配上的差別，階級的差別發生了。社會遂分爲上層與下層階級，分爲掠奪與被掠奪者，分爲主人與僕役階級，而貴族門閥所構成的社會羣所認爲對于外來勢力而保護公共利益的手段之國家（其遺迹尚見于遠東），遂担任了對于被治階級而以暴力手段來維持統治階級經濟上政治上特權的義務。（Engels, Anti-Duerhing, P. 178.）

又說道：

社會在最初以簡單的分工，而爲自己創造了確定的機關，爲的是籌畫其公共利益。但是這些機關，爲其首者便是國家的權力，依時勢的推移，……從社會的公僕 一變爲社會的主人。（Marx's Civil War in France 序文）

這是說因爲有了階級的分裂而原來保護社會公共利益的權力便變爲統治階級的權力。並且在特殊的情形之下——

……相與鬥爭的諸階級殆保均衡，國家權力在外觀上爲調停者而暫時保有某種程度的獨立性。卽如貴族與市民階級互保均衡之第十七世紀及第十八世紀的絕對王政，及對於資產階級而似爲無產階級，對於無產階級則有資產階級的作用之第一尤其是第二法蘭西帝國的旁列巴特主義。對於統治者與被治者同時利用的最近傑作，便是俾士麥式的新德意志帝國。在資本家與勞動者互保均衡之中，爲衰落的普魯士貴族的利益而欺騙兩者。（Origin of the Family, 頁一三三頁）

不過奧本海末爾把國家公共利益的保護，歸功於官僚制度。他以爲窮苦國家的官僚是公正無私的。他說道：

例如普魯士，從前因爲很窮，所以那些卓絕的官僚能夠保持國家以經過一切艱難困苦。

所以他認定將來的「自由市民團體」仍以官僚制度担任行政。這是與馬克斯的國家觀最大的差異。馬克斯對於官僚制度的見解，可依其對於一八四八年至一八四九年間法國政治的論斷見之。他說道：

此執行權力，有龐大的官僚及軍事組織，有廣袤的人工的國家機關，有五十萬官吏而以五十萬軍隊爲後盾——此執行權力是一種可畏的寄生體，是一種網罟，包裹了法蘭西社會的軀幹與四肢，窒塞了法蘭西社會的氣管。此執行權力起源於封建制度崩壞之際絕對王政之時；牠促進了封建制度的崩壞。地主與都市領主的特權轉化爲國家權力相應的屬物；封建貴族發達爲俸給的官僚；依中世特權之相互衝突而形成的衣飾模型，轉化爲國家權力的規定計畫，其中有勞力的分化與集中，與現代工廠相類似。……任爭奪統治的諸政派看來，這個巨大國家機構已成了勝利者的最重要的掠奪物了。（The 18th

Brumaire of Louis Bonaparte, P. 131.)

他又說道：

法蘭西資產階級的物質的利益，與上述廣大且分歧的國家機構有最密切的聯繫。這是牠的過剩人口的尾閭；因此而資產階級的分子遂能以俸給的形式，補充其利潤，利息，地租，及規費之不足。(同上 P. 70)

現代的馬克斯主義者也說道：

我們試回顧十九世紀末與二十世紀初的先進諸國的歷史。我們便看見了這（與法蘭西）同樣的過程，以緩漫的步驟與多種的容態而展開於較大的舞台之上。一方面有諸共和國（法，美，瑞，）及諸君主國（英，德，意　瑞哪等等）的議會權力完成的過程，他方面有資產階級小資產階級諸政黨間，與不變的資本主義國家秩序的奴隸毫無關係，而分割並分配官僚地位的「掠奪物」之政權爭奪過程，及「執行權力」與其官僚軍事組織完成並强化的過程。……

……尤其是帝國主義即銀行資本及巨大的資本家獨占的時代，獨占資本主義向於國家獨占資本主義而轉化的時代，國家機關更異常的强化，無論在諸君主國，或是在、自由的諸共和國……皆表示了官僚及軍事組織未曾前聞的擴大。（霧月十八日日譯本岡崎武序文中所引）

依上所述，我們知道奧本海末爾的國家論與馬克斯的國家觀根本不同之點的所在了。而最後，奧本海末爾以爲「自由市民團體」可以不依革命，單依進化而實現。他列舉接近「自由市民團體」的社會，尤贊頌新錫蘭。他說道：

在原理上，無產階級理論也得到同一結果。但是此理論的主張者不信進化的道路能夠達到目的而以爲必依革命。

馬克斯並不否認進化的道路可以達到目的，他一八七二年在海牙舉行的第一國際大會上說道：

我們知道各國的制度，國情，習慣，是必須考慮的，我們並不否認有些國家，如英與美，如果我了解貴國的體制，我也要加上荷蘭，工人可以用和平手段達到目的。但並不是一切國家都是如此。(Kautsky, Dictatorship of the Proletariat P. 10 所引用)

但是他的原則的主張卻有如下列：

一個以階級對敵爲基礎的社會最後引起一個殘忍的衝突，引起一個肉搏而閉幕，這有什麼可驚的呢？只有到了一個沒有階級或階級對敵的狀態，社會進化纔復爲政治革命。直至此時爲止，每當社會一般的改造之前夜，社會科學的最後一句話永遠是：「戰爭否則死，血鬥否則亡」。問題本來是這樣不可避免的。(Poverty of Philoso hy, 190-191)

馬克斯與昂格思到晚年論調較爲緩和，但是一八七八年的著作還是說：

暴力在歷史上還有一個任務，即革命的任務，依馬克思的話，這是孕育新社會的舊社會的產婆，這是促進社會進步及破壞愚蠢僵死的政治形式之工具：

…。(Anti-Duehring, P. 213)

並且直到一八九五年，還說道：

革命權終竟是唯一眞實的歷史權利。(International Socialist Review, Vol. III, P. 12)

依上所述，足知本書的國家論在出發點與歸宿點上皆與馬克斯主義國家觀有別。至於其中的精義則任何論敵皆不能否認。譯者從此書受了多少的暗示，在最近所作中國社會史論文中，頗有引用之點。所以譯出來供大衆的參考。

陶希聖　一九二九，二，十八，上海。

著者序言

——爲美國版第二版作——

這本小書流行了。於這本英文譯本之外，有經過承認的法文，匈文，塞文譯本。有人告訴我還有日文，俄文，希伯來文，伊文（Yiddish）譯本，但都是盜譯的。這本書經過了許多批評，有稱贊與抨擊的判斷。這本書當然引起了關於國家起源和本質的辯論。

有幾個民族學家，特別是霍爾斯梯（Holsti），現任芬蘭自由國外務部長，攻擊本書所論列及指出的基礎原理，但是他們失敗了，因爲他們的國家的定義便正是需要證明的一件事。他們搜集了許多材料以證明卽令沒有階級的地方也有某種形式的管理和首領，他們把這種形式，叫做「國家」。我不願辯駁這些事實。不待證明的是：任何人羣，無論怎樣小，必有決定衝突並在非常的情勢中爲其首領的一個權力。是這個權力不是我所謂「國家」。國家可以下一個定義是：一個階級統治別的階級的組織。這種階級組織只有依下列方法發生：這便是統治羣對於諸種族羣的征服及屈服。這幾乎可以用數理的定例來說明。我的批評者沒有一人提出證據以否定這個定則。最多數現代社會學者，其中有斯卯爾（Albion Small），威爾康德（Alfred Vierkandt），以及馮德（Wilhelm Wundt），都接受這個定則。特別是馮德以不生誤解的語句斷定「政治社會（與本書所用的國家的意義相同）只有在移民與征服的時期始行成立且始能成立」，因為依移民與征服而一民族始屈服於他民族。

但是有些反對論者也傾向於我的論斷，例如華格納（Adolf Wagner），他的話是可以使我自豪的。他在 Handworterbuch der Staatswissenschaften 內論「國家」的條目中，寫道：「此種社會學的國家觀念，如我所述，特別是與本海末爾的廣大觀察與研究，對於國民經濟學家及政治史家，尤值得慎密考慮。從這個觀了點，由國民經濟的發達及有史時代國家的發達所指出來的景色，卽對於反對此觀念的論敵，亦不能不使之首肯」。

依根勃羅維奚（Gumplowicz）的名詞，所謂「國家的社會學的觀念」一定會有普遍的承認的。其反對觀念是偏激而且固執的，我曾經叫做「一切過誤的社會學的根柢」；但是此觀念卻是「資產階級」社會學的基礎原理，不獨在經濟與歷史上，並且在法律與憲法史上，都有研究的價值。請就於此點說明幾個要義。

承認那支持原始累積的法則的觀念之證據，至晚可於古典文明衰落時期見之，其時資本主義奴隸經濟促進都市國家的崩壞，其人民因急遽的消費而感受痛苦。如同我們現代與當時頗相類似的資本主義時期一樣，在當時，保護個人的自然發達的各種關係，發生破裂。Ferdinand Toennies 所謂「社會聯鎖」已經鬆懈了。個人感覺着自己沒有保護，不得不依仗自己的能力及自己的理智，以競存於沸騰的大海之中。集團的理智，數千年經驗的智慧的產物，不復能指導或保障個人了。牠破碎了。因需要個人的理智，於是有國家主義勃興。此主義最初是可以認爲正當的，因爲是發達中的一個路徑及新興社會政治學的一個方法；但是後來，牠成了 Rubenstein（在其 Romantic Socialism）所謂一個「趨勢」，便不復能認爲正當了。依 Toennies 的名詞，共同體已變成了一個「社會」。結合人類的唯一聯鎖似乎只有「契約」——基於以勞役易勞役，do ut des 的理性關係的契約，盧梭的「社約」。一個「社會」遂表現爲希望依結合以獲得個人的滿足的自由個人的聯盟。亞里士多德曾說國家是逐漸促家族羣發達出來的。斯道伊派（Stoic）與伊披古利亞派（Epicureans）卻以爲個人創造國家——兩派有一個差別，前者以爲人類是天然的社會動物，後者以爲人類天性是反社會的。在斯道伊派，則「自然狀態」是一種和平的聯盟；在伊披古利亞，則「自然狀態」是人與人的鬥爭，以「社會」爲適當的調停的強制手段。一則以爲社會是"Physei"（自然所自有的，一則以爲社會是"Nomo"（命令）所設定的。

雖然兩派有根本的差異，而兩派間有一個前提，這便是個人最初在政治上經濟上是自由平等的，從此種原始社會秩序，依逐漸的分化，發達成了有階級制度的完全發達的「國家」。這便是原始累積的法則。

如果我們相信這個定則原來是有意的歷史的敘述，那便錯了。理性主義在本質上是非歷史的，甚且是反歷史的。反之，這個定則原來便是一個「擬制」，一個理論，一個有意的非歷史的假定。依此形式，牠獲得了「自然法」之名。在這個名義之下，牠流傳到現代的思想，以斯道伊式點染了葛羅秋斯（Groutius）與普芬道夫（Puffendorf），以伊披古利亞式點染了霍布士（Hobbes）。牠成了新興的資本家第三身分的有力的思想武器。

資本家使用這個武器，初則反抗有特權階級的封建國家，後又反抗有社會主義的階級理論的第四身分。對於封建統治，牠主張「自然法」不知道且不容許任何特權。牠在一六四八年英國革命，及一七八九年法國大革命中，獲得勝利以後，牠以同一推論，辯解自己事實上的優越，自己的社會的經濟的階級特權，以反於勞動階級的要求。依亞丹斯密，社會內的階級是「自然」發達的結果。社會階級從原始平等狀態中發生，其原因不過是勤敏，節儉，遠慮諸德性的運用。因爲這些德性是資本主義社會的德性，所以依自然法所保證的資本階級統治便是公平而不可攻擊的了。這個理論推理的結果，社會主義要求是不能夠承認的了。

因此，原來便是一個「擬制」的理論，初則成爲一個假定，後竟成爲一切資本主義社會學的原理了。贊助之者接受此原理，以爲是自明之理而無需乎證明。在他們以爲依此理論，階級統治是從平等自由的原始狀態逐漸分化的結果，毫沒有超經濟的權力的含義。馬爾薩斯（Robert Malthus）在他指出任何社會主義都是空想的企圖中，應用此擬制的法則於將來。他的有名的人口法則不外乎是計及將來的原始累積法則。他主張如果企圖恢復經濟平等的狀態，則法則便有力——因爲經濟能率之不同——恢復現代的階級狀態。一切正統派社會學莫不以對於此假想的階級形成法則的鬥爭開端。但在社會科學各領域內進行推論之際，每一步卻把這個假想原理所流出來的無數的深遠的根柢，一一破裂了。一個正確的社會學必須指出有史時代階級形成並不是依於和平經濟競爭所生的逐漸分化，乃是暴力征服與屈服的結果。

因爲資本主義與社會主義兩者皆在英國有其起源，這些新觀念必然在英國最初出現。我們發見了文斯唐雷(Gerard Winstanley)，克倫威爾時代「真正平等主義者」的領袖，他搜集了許多歷史事實以反對此反歷史的理論的假定。他指出英國的統治階級（紳士階級）在本質上是戰勝的征服者諾曼人所構成的，被治階級是被征服的英吉利沙克遜人。但他的論述沒有多大的影響。直到法國大革命，才把階級對立尖銳化，這個思想才透進來。大家承認是現代社會學及社會主義建立者之聖西門(Count St. Simon)，在其祖國統治階級中，發見了佛蘭克及博根德征服種族，而在被治民衆中，發見了羅馬化的克爾特種族。由於此種發見的發表，始產生了西歐的社會學。從此所抽繹的結論，又爲聖西門的門弟子孔德(August Comte)所著歷史哲學，及聖西門派昂方庭(Enfantin)及巴察德(Bazard)所引伸。這些思想家對於次一世紀的經濟學的發達，有很大的影響；但他們主要的貢獻是構成了國家的社會學的觀念。

西歐諸民族對於這新社會學，較東歐諸民族易於接受。其理由是容易看見的，在東歐，「國家」與「社會」的對立還沒有如西歐那樣確定的實現。卽令在西歐，完全了解此種對立爲一個社會事實的，實只有英，法，Netherlands 及意大利；因爲在這些國內，只有那發達爲第三身分的流動財富階級能夠戰勝封建「國家」。在法國，資本家與王室聯盟以反對當時武裝而且活動的貴族，終於在國王絕對權力之下克服了這些 Frondeur 。自此以來，第三身分便自己代表了全國民，而「國民經濟」的名詞便代替了「政治經濟」的舊名詞。此第三身分的分子感覺了他們自己的權利與自由爲貴族及僧侶兩個統治階級的特權所障礙。因此，第三身分便用「社會」的權利以反對「國家」，主張自然的永久法——原始平等自由之法——以反對特殊身分的理論的歷史的權利。與「國家」觀念相對立的「社會」觀念，最初於羅克（Locke）見之，從此以來，此種對立愈益確定，尤其是在經濟學上 Physiocrats 的著作。

在這種階級與觀念鬥爭之中，中歐與東歐都沒有重要的地位。在德國，有一次曾發達了一個資本家階級（在 Augsbury 的 Fuggers 時代），殆與北美洲資本家階級氣概相等。但牠為宗教戰爭及十六世紀十七世紀法國屢次侵略所壓迫，這些戰役夷德國為一片荒郊。到了此時代之末年，只存留少數都市及小國。居於諸侯統治之下。在都市內，手工藝者約束於同業團體之內，其餘則各組織為教育職業及學院官僚團體。此種團體極度依賴於國家，——手工藝者依此以取得特權，官僚本是國家的僕役，自由職業者則因其屬於社會的上層身分。因此，德國便沒有第三身分的經濟社會運動，只有受了西歐傳來影響的一種文學運動。這可以證明德國人民心理上為什麼沒有國家與社會兩觀念的對立。反之，這兩個觀念卻混淆使用，兩者包含本質上必然一致的含義。

西歐與東歐心理狀態上，此種差異還有一個原因。在英國與法國，自從狄卡特(Decartes)時代以來，科學上的問題都是有數學及自然科學素養者所提起。尤其歷史哲學，現代社會學的開端，是這種人所指導的。在德國則反是，思想的領導者是神學家尤其是Protestant神學家。在他們眼光中，視國家為神，內心永在的神所造的工具。此種思想的結果是國家崇拜，到有名的黑格爾的體系，已達於最高潮了。於是乎兩個思潮——西歐的社會學，東歐的歷史哲學——相併流行，有時則混為交流的支派，例如亞爾獨西亞氏(Althusias)與普芬道夫侵入法國英國及荷蘭自然法學，盧梭侵入黑格爾思想。但在一八四〇年，一個直接的匯合，卻依西台因(Lorenz Stein)而實現，他是黑格爾最高的門徒，後來是德國行政法的領袖教師，對於後代的思想家大有影響。他青年時到過巴黎，目的在從泉源上研究社會主義。他結識了此英雄時代的有名人物——昂方廷及巴察德，以及路易勃郎，(Louis Blane)，雷波(Reybaud)及普魯東(Proudon)。

西台因以熱忱吸收新思想，而在其多才的心意中，西歐科學的社會學思想與德國形而上的歷史哲學二者之間得到了創造的統一。其創造物，他叫做社會的科學(Gesellschaftswissenschaft)。由於西台因的著作，一切德國社會學思想的發達得到了最初的激進。尤其是馬克思(依 Struve 所指示)，以及雪佛來（Schaeffle），西潘恩(Othmar Spann)及根勃羅維奚所負于他者最多。

我的目的不在詳述此歷史的定則。我只是追溯國家的社會學觀念的發達過程。這兩個思潮匯合的第一個影響的名詞的有害的混淆。西歐的學者久已不能統制思想上用語的整一。如上所述，第三身分開始使以爲自己是「社會」以反對國家。但到了第四身分發育了階級意識而自覺其有理論的存在以後，牠便僭取了「社會」的名詞（這可以由採用社會主義這名詞看出來）；而把第三身分當做「國家」的形式，與「社會」爲不同的觀念。但這兒資產階級與無產階級二者仍有共同的觀念，他們同認爲國家是侵犯自然法而起源並存續的特權的集體，而社會則爲與自然法合致的人道結合之定型。他們只有一點不同，——第三身分宣言資本主義社會是自然法過程的結果，而社會主義者則認定此諸過程的目的尚沒有達到，以爲將來的理想社會纔眞正是自然法過程的產物，只有廢除一切「剩餘價值」纔可以實現。雖兩者在根本之點上相與衝突，但兩者皆認「國家」爲 Civitas diaboli 而「社會」則爲 Civitas dei 。

然而西台因却把兩觀念的客體倒轉過來。他是一個黑格爾派，最特出的一個國家崇拜者，他認定國家是 Civitas coelestis。他認定社會不過是統治的資產階級社會，由他的社會主義的師友看來，社會在他不過是一個 Civitas terrena。

柏拉圖所謂「純粹理念」，前期 Physiocrats 所請「Ordre naturce」（自然秩序），及法國人與英國人所謂「社會」者，在西台因則爲「國家」。因混合了粗惱質料而污染且不純者，他們叫做「國家」，而德國人却叫做「社會」。實際上，這兩者却沒有多大差別。西台因很痛苦的指出黑格爾的以權利與自由爲基礎的國家純粹觀念，永不過一種「理念」而已。牠永遠爲財產及文化的勢力所制約（他以爲牠必然如此），牠永不能成爲事實。這是他關於「社會」的結論，牠的發達必爲人類的團體，西台因所認爲有益的團體所障礙。

這達到了混淆思想的最高點了。除了甯側爾(Care Dietzel)是一個例外，一切德國社會學者不久都認定黑格爾的國家觀念只能夠存在於「理念」之中。牠沒有一點能觸及歷史發達的實際，牠沒有方法可以代替從來所認爲國家的。許久以前，馬克思與巴古甯二人——前者爲科學的集產主義，後者爲實用的無政府主義的建立者——尤其是根勃羅維奚，皆拋棄黑格爾的名詞而接受西歐的名詞，這種名詞到處都已接受了。

在這本小書內，我採用了西歐的名詞。稱「國家」，我不是指那偶然可以成爲國家或必然成爲國家的人類集團。我是指依非經濟的權力而創設的特權及統治地位之集體。反之，稱「社會」，我是指人與人之間一切純粹自然關係與組織的觀念之總和，非至一切野蠻的「征服與移民時代」創造物最後遺孽，皆從共同生活中掃除之後，不能夠完全實現。別人或要稱任何首領或管理或其他觀念的形式爲「國家」。那是個人選擇的自由。辯論定義是無用的。如果他們懂得「國家」的觀念若移植於別樣的基礎而與其進化過程不能相應，則他們便不能駁覆國家的社會學的觀念，那便得了。他們必須愼重，不要把異於本書對於從來叫做「國家」的眞實歷史產物所下的定義，應用到國家研究及國家哲學所必論的本質，發達，及將來，這是特別危險的。

佛蘭茲．奧本海末爾

一九二二，四，佛蘭克阜昂梅因．

國家論

Franz Oppenheimer著
陶希聖譯

第一篇　國家論

第一章　國家的理論

本書祇由社會學的立場以觀察國家，而不取法律的立場；——我所指社會學，是歷史的哲學，同時又是經濟的理論。我們的目的在尋繹國家從社會心理學的發生以至于現代立憲的形式之發達過程；然後我們試作一個國家將來發達的正確預斷。因為我們只尋繹國家內面的實質的存在，所以我們無須顧及牠國際和國內生活所取的法律的外表形式。簡單的說，本書是對于國家發達的哲學的一個貢獻，但不過以本書所尋繹的國家發達的法則，有影響及于現代國家一切形式所共通之社會問題者為限。

我們旣限定我們的論述，我們開始便應屏絕公法學上一切流行理論。卽令對于通行的國家理論，加以一瞥，已足以表示其對國家之發生，實質，及目的，不能夠有所闡明。這些理論實代表想像所及的各極端間之一切階段。盧梭以社會契約說明國家，反之則加雷(Carey)舉其起源爲盜賊集團。柏拉圖和馬克斯賦國家以無上的權能，以之爲絕對的君王，在政治經濟上巍臨于市民之上，而柏拉圖且更有進于此者，欲使國家並兩性關係亦規律之。反之則曼切斯脫學派(Manchestor School)卻走入自由主義的極端，以爲國家只可行使警察的職能，由此推之，其結果當然爲科學的無政府主義，完全廢滅國家。由這些互異且相與牴觸的見解中間，旣不能建立一確定的原理，也不能作成概念，闡明國家實在的本質。

這種多數理論的牴觸，不難以事實說明。事實爲何？這些通行理論沒有一個從社會學的立場以研究國家。但國家是一切歷史共有的現象，其根本的性質，只有對世界史作博大包容的研究，始可闡明。除科學上蕩蕩之王道如社會學外，國家的研究從沒有依此路進行。從來一切國家理論，都是階級的理論。若把我們探究的結論先事說明，則每個國家，過去及現在都是階級國家，而每個國家理論，過去及現在都是階級的理論。

但是，階級理論，必然不是觀察和推論的結果，而是希望和意志的副產物。其爭論不是用來建立眞理的，而用來作物質利益競爭的武器。所以，其結果不是科學(Wissenschaft, science)而是僞學 (Mimicry der wissenschaft, nescience)。依對國家的了解，我們可以認識國家理論的本質。但倒過來說便不行。對于國家的理論的了解，却不能使我把握國家的本質。

下而所舉是關於國家起源及本質的指導觀念，尤通行于大學敎本之中。牠代表一個見解，雖受多方面的攻擊，仍然被人肯認。

這個見解以爲，國家是人類共同生活的組織，依自然所賦與的社會本能而起源(司多克說—— Stoic Doctrine)，或以爲是起源于不可抗拒的衝動，以止息「人與人的鬥爭」，且以抑制那反抗這有組織的力量的野蠻人，以平和的共同生活代替那破壞一切進步的萌芽之反社會鬥爭（伊披求說——Epicurean Doctrine）。這兩個顯不能調和的觀念，依中世哲學的折衷而混融。這個哲學，建立於神學的推論及聖經的信仰之上，發揮意見以為人原來本性是一個社會的動物，因為犯了原罪，——開因的弒殺及巴倍爾塔的過犯——乃分散為無數的部落，鬬殺無藝，乃至于和平相結為國家。

這個見解完全不能夠維持。牠把階級的必然的觀念和幾個附隨的觀念相混和。即令國家是組織的政治結合之一個形式，我們仍須記得，國家是一個有特定性徵的形式。歷史上每個國家，都是階級國家，都是優越和低下的諸社會羣的政制，建立于身分或財產的差別之上。這個現象，始必須叫做「國家」。歷史的篇章，只佔滿了這個現象。

如果除了階級國家以外沒有別樣的國家存在，如果只有階級國家是可以想像的形式，我們若用這個名詞去稱呼別種形式的政治組織而不加分辨，我們必須有充分的理由。至少也要舉出證據來，證明每個想像的政治組織，雖原來本不是代表優越和低下的社會經濟階級的政制，但因其在歷史發達的法則支配之下，終必化爲歷史上特定的階級形式。如果提出了這樣的證據，則事實上只有一個政治結合的形式，依發達的階段而各命以名稱：在階級差別尙未存在時，叫做預備階段，在完全發達時，叫做成熟階段。

從前的國家哲學者不明瞭這個問題。他們努力援引必要的證據，證明每個人類政治組織，因發達的本然的傾向，必漸成爲階級國家。寺院法學家傳此說于自然法學家。自然法學家，依盧梭的媒介，又使之成爲經濟學者教程之一部；即到今日，這個理論還支配他們的見解，與事實相去天淵。

這個假定的證據，基於「原始蓄積」的觀念，原始蓄積，即土地及動產上原始的財富積集，這是依純經濟的力量所促起的。這個學說，馬克斯很公平的加以嘲戲，叫做「神話」。這個學說的推理，有如下述：

在一個幅員廣大而土地肥饒的地方，有多數平等身分的自由人，爲互相保障而結爲聯盟。他們漸漸分化爲財產的諸階級。凡賦有強力，智慧，儲蓄的能力，勤儉，及愼密的人們，慢慢的獲得大量的不動產和動產；反之，愚蠢且能力較小及疏略浪費的人們却仍舊沒有財產。富人貸其生產的財產于貧者，收取貢賦，或爲地租，或爲利息，因此繼續增富，而貧者反永遠赤貧。有與無的差別逐漸發達爲社會階級的差別；因爲到處都是富者佔着優勢，又只有他們才有時間或力量去從事於公務，遂純爲他們自己的利益而改換他們所執行的法律。這樣的，依時間的經過，他們發達了一個統治的有產的身分，和一個無產階級，即沒有財產的階級。依發達的必然的法則，原始自由平等狀態中的朋友逐變成一個階級國家；因爲在每個想像所及的羣衆中間，總有強者與弱者，上智和下愚，愼密和浪費的人士。

這似乎是的確的，而且與我們日常生活的經驗相符。下層階級中特別能幹的人，由他從來的環境跳了出來，有時且取得上層階級中領袖的地位，反之，上層社會羣中，浪費和孱弱的分子「喪失其階級」，而落入無產階級；這並不是不常見的。

但這整個的理論是完全錯誤的；這是一個「神話」，或者是一個階級的理論，用來辯解上層階級的特權。階級國家決不是以這種形式起源，且決不能以這種形式起源。歷史指示其未曾如此；經濟學又以演繹的方法，以絕對的證據，數學的並且有力的證據，指示其不能如此。初步數學中簡單的命題，已足示原始蓄積的假定完全錯誤，且無所事事于階級國家的發達。

證據是如下所述的：自然法及其他一切學者會一致宣言，以爲有收入的階級與無財產的階級，必須在一切肥饒土地全被占有之後，始能發生。因爲，只要人還有機會取得無主的土地，便「沒有人會想到替別人去服勞」，——如屠爾哥特（Turgot）所說；我們還可以加上一句，說：沒有人會想到替別人去服勞，「所取得工資，未必較高于一個獨立農民在無抵押且相當大的財產上勞動所得者爲多」；並且在土地還可以自由耕種或取得，和空氣及水一樣自由的時候，抵押也是不可能的。可以一取即得的事物，便沒有能供抵押的價值，因爲沒有人在沒有報酬的事物上設定抵押的。

于是，自然法的哲學者假定以爲土地的完全占有，必定很早的，因爲原始的少數人口隨年月而自然增加。他們以爲，在他們的時代——十八世紀——，土地的完全占有，是多世紀以前的事情，他們使從那很早時期的假定條件，演繹到現存階級的結成。他們從沒有涉想到解決他們的問題；他們的錯誤又爲社會學者，歷史學者及經濟學者所抄襲，少有修改。直到最近，我的統計才製作出來，這統計實使人甚覺可驚。※

※Franz Oppenheimer, Theorie der Reinen und Politischen Ekonomie, Berlin, 1912, — J. M. Gitterman

我們可以下一個近于正確的決定，決定溫帶內平均肥度的土地的數量，並決定多少土地才足以維持一個農家充裕的生活，及多少土地爲一個農家自力所能耕而無須雇用家外的助力或長工。當野蠻民族移民時（公元三百五十年至七百五十年），德意志每個有能力的人的地段約三十莫爾根（等於二十英畝）的平均土地，若在好地，只需十至十五莫爾根（等于七至十英畝），——四莫爾根等于一公頃。這土地上，每年至少有三分之一，有時且有二分之一，未曾耕種。所耕的十五到二十莫爾根，已足以給養這些多子的德意志人的大家族，且使之肥碩如長狄，其時，原始技術是粗劣的，尚猶如此，因技術的粗劣，每日生產能力之耗失者至少又居半數。我們可以假定，在當時，平均每一個農民有三十莫爾根（等于二十英畝）已足以給養一家。我們所假定的土地數量，已經夠大了，再沒有提出異議的餘地。現代德意志，以現有的人口，共有農耕土地三百四十萬公頃（等于八百四十一萬五千四百八十英畝）。農耕人口，包含農業工人在內，共有一百七十萬，所以，假定一家五口，而土地係平均分配，則每家可得十公頃（等于二十五英畝）。換句話說，即令在今日的德意志，依自然法派的理論，也還沒有達到階級分化開始的定點。

把同一過程應用到人口密度較稀的地方，如台流布諸國，(Danube States)，土耳其，匍牙利及俄羅斯，則發見了更覺可驚的結果。在事實上，地球上還有七百三十二萬萬公頃（等于一千八百〇八萬八千〇四十一萬六千英畝）；依一切職業的人數，——十八萬萬——來分，每家以五人計算，得有約三十莫爾根（等于十八英畝半），而地球上仍有三分之二無人占有。

所以，如果因一個無產的勞動階級之生長，而純經濟的原因便會產生階級的分化，則時機還沒有到；而土地所有權引起自然的貧乏的決定點，如果到來有期，亦將遠在曖昧的將來。

但是，在事實上，過去多世紀中，世界各地，都有階級國家，所有者階級居于頂上而無產的勞動階級居于底下，即在人口密度比今日還稀的時候亦然。如階級國家只有在一切肥饒耕地已經完全占有的地方，始能發生，而我已經指出，即在今日，一切土地並沒有完全「經濟的」占有，這必然是土地已經「政治的」占有了。因爲土地不會有「自然的」缺乏，則缺乏之必然是「法律的」了。這便是說，土地已經被一個統治階級占有，排斥被治階級而阻礙其拓殖。所以，國家，——階級國家——除了征服及平定以外，不能有別種的起源。

這個見解，所謂「國家的社會學的觀念」，如下所述，是有人所熟知的歷史事實廣爲證左的。但是現代歷史家仍多反對，以爲依戰爭而合爲一個國家的兩群，在戰爭以前，曾各自構成一個「國家」。因爲沒有方法得到相反的證據，——因爲人類歷史的開端，無從明知，所以，如果不這樣說，則我們便陷于「無證據」的判斷，那末，演繹的說，如歷史所指示，除依武裝的平服以外，國家——階級國家——決不能成立，這是絕對確定的。證據之叢積，指示我們說，我們的簡單的計算，已排斥任何別樣的結論了。

第二章　國家之社會學的觀念

于原始的，純社會學的國家觀念之上，我再增加經濟的形式，而確定之如下：

社會學的觀念的國家是什麼？國家在初發生時，完全是——在其存在的第一期，實質上差不多完全是——戰勝人羣强加于戰敗人羣之上的一個社會構造，其唯一目的在規律戰勝羣對于戰敗羣的統治，而保障其內部革命與外部侵略，自目的論上觀之，這種統治除了戰勝者對戰敗者經濟的剝削而外，沒有目的。

歷史所載的古代國家，沒有一個以別種方法成立的。（一）若或可靠的傳說所述不同，則這個傳說，不是敘述兩個完全發達的古國混合為一個更完全的組織，便是拿牧羊的寓言應用于人類，羊羣以擁熊為王以外禦暴狼，二者必居其一。但是，即令是後者的情形，國家的形式與內容，正和那沒有熊來干涉的國家一樣，立即成為「狼的國家」。

我們學校時代所學的歷史，已是替這個發生論作證明。我們到處可以發見勇武善戰的部落侵入戰備不完的部落的邊疆，遂貴族自為而建立國家。在米索坡太米亞，有巴比倫人，亞牟利坦人（Amoritans），敍利亞人，亞伯拉人，米底人（Medes），波斯人，馬其頓人，巴斯人（Farthians），蒙古人，色爾學人（Seldshu-ks），韃靼人，土爾其人；在尼羅河，有西克莎人（Hyksos），牛賓人（Nubians），波斯人，希臘人，羅馬人，亞拉伯人，土爾其人；在希臘，有道利亞諸國是很好的實例；在意大利，有羅馬人，外哥德人，朗巴德人，佛蘭克人，德意志人，在西班牙，有加德基人，內哥德人，亞拉伯人；在哥爾（Gaul），有羅馬人，佛蘭克人，巴根廷人，諾曼人；在不列顛，有沙克遜人，諾曼人；皆一波未已，一波隨之；一國將亡，一國興起。在印度，野蠻好戰的民族，如波浪相逐，侵入此土，甚且南達于印度洋諸島。中國亦然。在歐洲諸殖民地，凡有定住人民的地方，我們看見了同樣的定型，例如南美洲及墨西哥。若沒有定住人民的地方，若只有遊獵民族，而這種民族只可以殺絕而不能夠平服的地方，則征服者便輸入異地的羣衆使備剝削，使永屈服于强制勞動，于是乎有奴隸買賣發生。

在歐洲殖民地之禁止以奴隸輸入補充原住人民的缺乏者，似爲例外。這種殖民地之一，美利堅合衆國，是全部歷史上最有力的國家建設的一例。在此所發見的例外，是可以這樣說明的：——備剝削且勤勞不息的羣衆，從原始國家及較爲發達而剝削過度致不能忍受且移民尙係自由之國家，依大量的移居，而輸入自己。在此情形，我們可以說有似于一種傳染病，這從異地，使所謂「國家」的病菌，隨病者以俱來。但是，如果這種殖民地，或因距離太遠而移民費用太重，或因法律對于移民有所限制，致移民極爲有限，則我們便可以看見很接近于國家發達的最後目的的現象。我們認定國家發達的最後目的是必然的結果，並且是最後的結果，不過我們還沒有科學的名詞來說明。在辯證法的發達中，這兒又是一個引起質的變化之量的變化。舊形式中，充實着新的內容。在牠還是依保障人類團體的社會生活的外力，而仍有緊張的規制之限度內，我們還可以看見「國家」的存在，但他不復是從來所謂的「國家」。牠不復是一個社會羣對于別一個社會羣的政治統治及經濟剝削的工具，牠不復是一個「階級國家」。牠當有似于「社會契約」所產生的現象。這個階段已爲澳大利亞殖民地所到達，但瓊斯蘭(Queensland)却是例外，仍取封建的方式，剝削那成爲奴隸的加納加人(Kanakas)。新錫蘭也差不多達到這個階段了。

在對于歷史上國家的起源和本質，或對于「國家」這名詞的社會學的意義，還沒有一致的定論時，要強用一個新名詞以說明這些最進步的公邦(Common wealths)，不過徒勞。他們無論怎樣的受人辯駁，仍將繼續叫做「國家」，尤其是由于愛用混淆的觀念。但是，爲本書計，我們提議使用一個新觀念，一個另外的辭令，而稱這新的過程之產物曰「自由市民團體」(Freiburgerschaft, Freemen's Citizenship)。

此過去及現在國家之綜觀，如爲篇幅所能容，應補充以人種學所提示的事實，及我們誤稱爲「世界史」者所沒有敘述的諸國家。在這一點上，我們的一般法則是正確而沒有例外，這是可以確實保證的。無論何處，無論是在馬來羣島，抑或在「社會學的偉大圖書室之亞非利加洲」，地球上一切地方，只要部落的發達，到了較高的形式，則國家便因一個人羣被別個人羣征服而生長。國家存在的基礎(Zureichender Grund, basic justification)及存在的理由(Raison d'etre)便是被征服者經濟的剝削。

以上所述的綜觀，可以作爲本書基本前提的證據。關於這個研究的路徑，我們所得最多的創始者，是法學家與社會學家，以勇敢的殺身全其勇敢的生涯之根勃羅維其教授(Professor Ludwig Gumplowicz)。因此，我們始能夠在人類的痛苦中，以鮮明的路綫，追尋國家在各時期內發展所經的路徑。現在我們要從那依征服而建立的原始國家追尋到「自由市民團體」了。

第二篇　國家的發生

有一個力，推進一切生命；有一個力，發達一切生命，從前史時代溫海中飄浮的蛋白質一個細胞，發達成脊椎動物，然後成爲人類。依李勃爾特（Lippert），這個力便是求生存的傾向，兩歧而爲「飢與愛」。但是關於人類則在兩個力的活動中，又可以加入「哲理」的力量，「與飢和愛相併而結成人類世界的構造。」但實際上，這個「哲理」，這個叔本華的「理」，在本源上仍不外生命尋求的產物，——叔本華稱爲「意志」。這是世界的指南針，這是生存競爭的武器。然而此外，我們又終必認定那因果關係的推求，——對社會學的發達過程中相與協動的社會事實間因果關係的推求，——是一個自動的力量。在人類社會的開端，及其逐漸發達之際，因果的推求，實現爲各種怪誕的觀念，叫做「迷信」。這些觀念乃基于那對風，水，地，火，禽獸，草木，粗淺觀察的純論理的結論，以爲這些事物各賦有仁愛及凶惡的靈魂。」

我們可以說，在最近的現代，並在少數民族到達的階段中，也有新起的因果關係的推求，叫做「科學」，這是對于事物完備觀察的論理的結果，——今日所需以廢滅各種迷信之科學，實以無數的連瑣而深植於人心。

但是，無論迷信影響于歷史者怎樣有力，——尤其是在 Ecstasy 的時候，無論迷信在平時協助于人類共同生活之發達者怎樣有力，社會發達的主要力量仍然要從那使人為自己為家族求得食衣住的生存需要上去尋求。所以到底還是「經濟的」衝動。所以，歷史發達之社會學（是社會心理學的意義）的觀察，除了找出那經濟的需要在其逐漸展開中尋求滿足的方法，除了注意那因果推求的衝動在適當的時機所生的影響，便不能夠有若何的進展了。

第一章　政治的手段與經濟的手段

求生存的人類，要獲得滿足欲望所必要的資料，有兩個根本上相反的手段。這便是工作與掠奪，——一己的勞動與別人勞動的強制收取。掠奪！強制收取！這些字樣使我們聯想到犯罪與刑懲，因爲我們是發達的文化——尤其是以財產不可侵爲基礎的文明時代——的人民。卽令我們知道陸上及海上刦掠是原始的生活關係，恰與戰具貿易（在過去長時期中，不過是有組織的刦掠）在今日爲最可敬的職業相同，這個聯想仍然不會消失的。因爲這個原因，又因爲在本書研究進展中，必須有簡潔，明瞭，且針鋒對峙的兩個名詞，來表示這非常重要的相反現象，所以我提議在以後的討論上，把個人自己的勞動，及個人自己勞動與別人勞動之等價的交換，叫做滿足需要的「經濟手段」，把別人勞動的無代價收奪，叫做「政治手段」。

這觀念不完全是新的，歷史哲學者常能發現這個矛盾，且常試論述之。但所論述的公式，沒有一個能把這個前提發揮盡致。沒有一處，能夠明白指出這個矛盾只存于達到同一目的——取得經濟的消費物——的方法。但這是推論上最重要的一點。像馬克斯一流的思想家，我們還可以看見他混淆了經濟的目的與經濟的手段，沒有嚴加分辨。這一些錯誤的結果，使馬克斯燦爛的理論與眞理遠離，錯誤的基礎，全在于沒有分辨滿足經濟需要的手段和其目的。因此他認定奴隸也屬于「經濟的範疇」，而暴力是「經濟的力量」，——半眞理比全誤謬要危險得多，因爲錯誤難予發見，而錯誤的結論乃不可免。

反之，我們把向于同一目的之兩個手段，嚴峻區別，可以避免這樣的混淆。這便是我們啓發國家的發達及本質和目的之鑰。因爲過去全部歷史都是國家史，所以依此，我們又可以啓發世界史。全部世界史，從原始時代到現代文明，呈示了一個現象，這便是經濟手段與政治手段的鬥爭；並且在我們造成自由市民團體以前，全部歷史也只能夠呈示這個現象。

第二章　無國家的民族：狩獵民與淺耕民

國家是政治手段的組織。所以，在經濟手段還沒有創造一定數量的物品以滿足需要，而這些物品可以用武裝的掠奪去取得或收奪之前，國家決不能夠發生。因爲這個理由，原始狩獵民沒有國家；即使是發達較高的狩獵族，也必須他們在隣近處所，等到了進化的經濟組織而征服之以後，才成爲國家構造的一部。但原始狩獵民卻生存于實際無政府狀態之中。

關于一般的原始狩獵族，葛羅斯(Grosse)說：(三)

「他們並沒有財產的差別，所以，地位差別的主要淵源之一，是沒有的。以一般而論，部落內一切成人都享有平等的權利。老人則因其有較多的經驗，有一定的權力；但並沒有人感覺着有不得不服從他的義務。有些地方，承認酋長，——如波多古人(Botokude)，中央加利福尼亞人(the Centrol Californians)，威打人(the Wedda)及明戈比人(the Mincopie)——但其權力卻極端限制。酋長並沒有方法去反于別人的意思而強行其所欲。然而最大多數的狩獵族卻沒有酋長。全體的男子集團，仍構成諧和而毫不分化的集體，只不過信爲有符咒的權力者，有優越的地位」。

那末，在這兒決沒有一點『國家性』之存在，即令依通常的國家理論也好，尤其是就正確的「國家之社會學的觀念」而言。

原始農民的社會構造並不見得比狩獵羣較近似于國家。在農民以鋤耕土地的地方，他們很自由的生活着，還沒有所謂「國家」。羣常爲促進國家成立的較高經濟條件之符號，換句話說，羣是用于被征服農奴工作的耕種制度的。（四）淺耕農民彼此孤立而營生活，他們散住于鄉間，各居其田舍，有時或爲村落，因地域或田界之爭議而分離。最好的情形，是他們生活于鬆懈組織的團體之中，依宣誓而結合，依血統共同，言語共同及信仰共同的意識而鬆懈的相與聯繫。他們集會，有時或一年一次，共同祭享有名的祖宗或部落之神。全體羣衆之上，沒有統治權力；一村的酋長（或一區的酋長），或在其劃分的範圍內有較大或很小的影響，這常依其個人性質而定，尤依賴于其符咒的權力之有無。古諾（Cunow）說明印加人（the Incas），未侵入之前的祕魯民族狀況如下：「多數獨立互鬥的部落，無規律的相與對立而生活，其內部又各分散爲自治的地方聯合，依血統的聯帶而相與要結」。（五）我們可以說，新舊兩世界的原始農民，全是屬于這個形式的。」

在這種社會狀態中，很難想像會有以攻擊爲目的之戰鬥組織發生。氏族動員以從事于共同防禦，已經夠難的了，若部落全體動員則將更難。農民永遠是缺乏活動力的。他粘着于土地，與他所種植的植物粘着于土地相同。在事實上，田疇的工作使他「結合于土地」(Glebae adscriPtus)，卽令沒有法律限制而有移動的自由，也是這樣的。那末，在只有淺耕農民占有的地域內，便從事于掠奪的征伐，又有什麼目的呢？一個農民從別個一無所有的農民，掠奪不着什麼東西。在以耕地的過剩爲特徵的社會狀況之下，每個農民對于社會的廣大的拓殖，只須出很少的勞力。每人只須占有自己所必要的土地。至多一點，便是過剩的，取得過剩的土地，便損失了勞力，卽令其所有者能夠把過剩土地上收穫的穀物儲藏極久，也是這樣的。現在原始狀態之下，儲藏的穀物，依氣候的變更，蟻蛀，或其他原因，腐壞得極快。依拉側爾(Ratzel)，中央非洲的農民必須把過剩的收穫，迅速釀成啤酒以防止其完全消失！

因有以上各種理由，原始農民完全沒有對於有從事于攻擊戰的好戰的要求，此乃是狩獵民及游牧民的特殊性徵。戰爭並不能改良農民的境狀。這種和平的性質，又因農民的職業不能夠使他成爲有力的戰士，更是加强。他筋骨很强，他能夠耐苦，這是無疑的，但是他的動作很緩慢，他的決斷很遲滯，反之，狩獵族和游牧族則依其生活方法而發達了動作的敏捷性。因此，原始農民比起他們來，常有較溫和的性質。」[注]

[注]這種心理學上的相反，雖時常明白指出，但不是絕對的原則；葛羅斯的家族諸形態 Grosse, Forms of the Family)說：（一三七頁）

「有些文化史學家把農民置于好戰的游牧民相反的地位，主張農民是愛和平的民族。事實上，我們不能夠說他們的經濟生活引導他們好戰，或訓練他們能戰，和不能說飼養家畜者好戰能戰相同。但是，在這種文化形態的範圍内，我們看見到也有最爲好戰最爲殘酷的人類。如偉士馬克薩島的野蠻食人族，好殺的菲蒂亞族（Vitians），達洪（Dahome）及亞香棣（Ashanti）的居夫，——他們莫不耕殖「和平的」畎畝；即令別的農民不是一樣接，但這些民衆的仁和的性質似乎是有問題的」。

綜結上述，在農民區域內經濟及社會的狀況中，我們找不出社會的分化，可以促進完整化的較高的形式。既沒有武裝征服鄰人的衝動，也沒有這種可能。因此，「國家」不能夠發生，在事實上，這種社會狀況從沒有發生過「國家」。如果沒有外來的衝動，從相異的狀態下養成的人類而來的衝動，則原始淺耕農民將永遠無從發見國家。

第三章 前國家的民族：遊牧民與海寇民

反之則游牧族，雖孤立生存，卻發達了一些國家性的條件，在進步較大的部落中，他們完全具備了這種條件，只缺少那完成現代所謂國家的最後一點，這便是說，只缺少一定範圍的土地之確定的占領。

這些條件之一是經濟的。即令沒有超經濟的力量介在于其間，在游牧族內，仍可使財產及收入有顯著的分化。假定最初牧畜的數量完全是平等的，則短時期以後，一人仍可以較富于他人。最勤敏的飼養家，其畜羣必迅速增大，而最精細的守護人和最勇敢的狩獵人，必能保存其畜羣而防止野獸的來襲。運命也可以影響其結果。游牧者或發見最好的草場及清潔的水窪；而他人則或因疫厲，或因風雨，或因隕霜，而完全喪失其畜羣。

財產的差別迅速引起階級的差別。喪失畜羣的牧者不得不傭工于富人，因此便居他人之下而倚賴之。在舊世界三大陸中，凡是游牧族生活的地方，我們都可以發見同樣的事例。梅村(Meitzen)關于諾威游牧族拉布氏(Lapps)的報告說：「三百隻馴鹿足養一家，如一家只有百隻，則必須受雇于富家，富家的鹿有達千頭者」。(六)此著者關于中亞細亞遊牧族的說明是：「一家需有家畜三百頭，始可小康，百頭爲貧，必將度負債的生涯，爲僕役以墾殖主人的土地」(七)。拉側爾關于非洲的賀騰圖人(Hotentots)之「讚頌」形式的報告說：「貧者求傭于富者，其唯一目的在得畜」(八)。拉非利(Laveleye)由愛爾蘭作同樣情形的報告，追溯封建制度名稱(Systeme féodal)之起源，而是部落中富者貸家畜于貧者的事實；因此，家畜的所有——"fee-od"——便是最初的封領(feud)，在債務存在期內，這貴族便把小所有者夷爲「他的從人」。

我們只能指出這些方法，依此方法，即令在游牧民的平和團體中，這種經濟的分化及由此所生的社會的分化，又因父治制度(Patriarchate)與尊貴神聖的僧侶制度的結合而更加發展；只要這些老人很聰敏的利用族人的迷信。但是，在沒有受政治手段的影響以前，這種分化的進行，只能夠在極小的限度以內。聰敏及才能，沒有確定的遺傳性。即令有最大的畜羣，若一個天幕中生長了多數的繼承人，亦將分析，而豪富便成幻影。在今日，瑞典的拉布氏族中最富的人，在極短期間內，便降爲完全的貧困，並有賴于政府的扶助。依這些原因，原始的經濟及社會的平等，每頻頻而建，殆可以恢復舊觀。「遊牧族愈和平，愈土著，愈單純，則有無的差別愈小。車臣蒙古王公接受貢物或賄儀——只不過一捆藥草或一塊糖及二十五戈比之金，其喜悅實足以令人感動」（九）。

這樣的平等，依政治手段而永遠破壞，且破壞的程度又較深。「在戰爭進行而掠得物品的地方，差別便較大了，差別的表現，是奴隸，婦女，兵器，及良駒的所有」。（十）

奴隸的所有！遊牧民是奴隸制度的發明者；依此制度，遂創造國家的萌芽，遂開人對人的經濟剝削之端。

狩獵民已有戰爭，已有俘虜。但他並不把他們做奴隸；他們是殺了他們，不然則收養于自己的部落。在他，奴隸是無用的。狩獵的捕獲不易儲藏，或較物之「資本化」更難。只有在所謂資本的財富已經發達的經濟階段，以人爲勞動機械的觀念始能發生。資本只有從屬的勞動力的幫助，始能增殖。

這個階段，首先達到的是游牧族。一家的力量，沒有外來的助力，只能夠保持極有限的畜羣，而防禦野獸及敵人的攻擊。直至施用政治手段爲止，外來助力是很少的；即如前述氏族內較貧的分子，還有異族的逃民，——在世界上，逃民常加入富畜主從人之中，受其保護。（十一）有時候，整個的貧窮游牧氏族加入富裕部落而爲半自由民以服勞役。「全體族人依其財富之差，取得相當的地位。即如極貧的通古斯族移住于楚克奚族（Tschuksches）住地的附近，因爲他們以畜牧富裕的楚克奚人的馴鹿爲業，而以馴鹿爲工資。而烏拉沙摩伊人(the Ural-Samojede）所以被色爾洋人(the Sirjaenes)征服，是由于前者的牧場漸被後者占領」。（十二）

但是，除了最後所舉的情形已極似國家而外，很少的勞動力，沒有資本，決不足以使一個氏族畜養很大的畜羣。並且，畜牧的方法，是必須分散的。因爲一個牧場不能夠「太擠」（"Overpushed"）；——有如瑞士亞爾勃地方的人所說——這便是說，一個牧場不能夠容納家畜太多了。喪失全畜羣的危險，要把畜羣分散到多處，才可以減少。因爲畜疫，風災，等等，只能襲及一處；同時，外來的敵人也不能夠一次把全羣驅走。因爲這個理由，卽如洗理羅人(the Hereros)「每一個富裕的畜主，于主要畜羣之外，保有幾個分支畜羣。使諸弟或近親，無諸弟或近親時，訓練老僕使之看守。」(十三)

因爲這個理由，比較發達的游牧族使赦免其俘虜，夷爲奴隸而使用之于牧場。我們要注意斯奚塔人(the Scythians)從殺戮過渡到畜奴的慣行禮儀：他們于每一百俘虜中，取出一個，獻于他們貢獻犧牲的處所。報告此事的李勃爾特(Lippert)以爲這是「制殺的開端，其理由很明白的是俘虜變成游牧部落的奴隸時所含的價值」。(十四)

因奴隸加入了游牧民的部落經濟，國家在實質條件上已經完成了，只不過還沒有取得確定範圍的領土。國家已有統治的形式，其經濟基礎是人類勞動的剝削。從此以往，經濟的分化及社會階級的型成，迅速進行。富者的畜羣，巧妙的分散且有多數武裝奴隸爲之守護，較自由民畜羣的守護爲嚴密，所以常可保持原來的數額：富者的畜羣又可以增加得比自由民的快些，因爲富者的捕獲品分得較多，與他們置于牧場的武士(奴隸)數額相應。

同樣的，大僧侶的職分，更增大了分割從來平等的族人的裂隙；到了最後，富家長的富子孫，便成了純粹的貴族，地位與尋常自由民相對峙。「紅色人在他們進步的組織中，沒有貴族也沒有奴隸※，因此，他們的組織在實際上與舊世界的大不相同。但兩者都是由畜牧民族的父治制度發達而成的」。(十五)

※李勃爾特這話不十分正確。西北美洲較發達的定住狩獵族及漁撈族，有貴族也有奴隸。

由此我們可以看見一切較發達的游牧族都有社會的分割，成爲三個階級：貴族(用聖經語，即「彼諸父的家長」)，普通自由民，及奴隸。依孟孫(Mommsen)，「一切印度德意志民族都有奴隸，成了一個法律制度」(十六)此說可以適用于亞利安族及亞洲和非洲的色目人 (Semites)，以及哈密人(Hamites)。在撒哈拉的全體傅爾比人中(the Fulbe)，「社會分爲酋長，平民，及奴隸」。(十七)凡是奴隸制度在法律上成立的一切地方，我們都可以發見同樣的事實，已成了當然的事例；例如賀伐人(the Hova)(十八)，及其渡利里西亞(Polylesia)的親族，即所謂「海上遊牧民」者也是如此。不分皮色或種族，人類的心理在相似的環境下，常發生同樣的條件。

如此，遊牧族便漸漸習于用戰爭以取得生活的資源，且剝奪別人，以爲奴使虜使的勞動機。我們又必須承認，這整個的生活方法促使遊牧民更樂于多用「政治手段」。

遊牧民和原始狩獵民一樣的敏捷和果斷，而身體且較強，因爲狩獵民的食料供給，太不規則，致不能完成身體自然的發育。遊牧民到處都可以圓滿發育，因爲他從畜羣中，可以得到不斷的乳汁的營養，及不斷的獸肉的供給。從亞利安牧馬族，和亞洲及非洲遊牧族，例如東鹿人(Zulu)，可以看出來了。復次，遊牧民的部落比狩獵羣，增大得迅速些。這不獨是因爲成年人從一定地域內可以得到較多的營養，並且更由于獸乳可以縮短母親哺乳的期間，因之，可以多育子女並可以長大成人。因此，舊世界的牧場及草原，變成了取拾不盡的源泉，週期的突破其分野，放出人類的狂瀾，所以這些場所可以叫做"Vaginae gentium"。

再次，在遊牧族中，我們發見其戰士較狩獵族爲多。每一個游牧民，個人已較爲强悍，而全體在一起，又至少和狩獵羣一樣的敏捷；其中乘駝及騎馬者更是敏捷無比。最健全的個人分子的大集團相與結合的組織，又只有在慣于統治奴隸的奴隸所有主指揮之下，始能存在，這種組織是依職業而準備並發達起來的，所以比暫從一個酋長的狩獵青年戰士，要優越些。

狩獵民最好是人自爲戰，或以小集團而動作。反之，游牧民最善以大隊而行動，在大隊中，個人的保護最周；大隊在行動上是武裝的行軍，而宿息的地方便成爲武裝的營帳。于是戰術演習的科學，嚴厲的服從，及堅强的紀律，隨之發達了。如拉側爾所說：「如果把太古以來便已存在的天幕排列的秩序，算是遊牧生活中紀律的力量，那是不錯的。每一個人，每一個物，在天幕中都有確定的傳統的地位，因此，出發和止宿，建設和再建，才能夠迅速而有秩序。從沒有聽見說有一個人，沒有命令或迫切的理由而變換他的地位的。因有這嚴厲的紀律，天幕竟可以在一小時的時間內，包裝起來，攜帶前進」。（十九）

這種從無人記憶的古代傳來的訓練而成的秩序，對于游牧部落在畋獵時，戰爭時，以及和平遊牧時的武裝行動，予以規律。因此他們成了職業的戰士，在國家尚未發達更高度，更有力的組織以前，他們確所向無敵。游牧民與戰鬥士，成了同一的觀念。拉側爾關于中央亞洲遊牧族的說明，可以適用于一切遊牧族：「畜牧者之遊牧民，是一個經濟的觀念，戰鬥者之遊牧民，是一個政治的觀念。他可以從任何活動中，很容易變爲戰鬥士及刧掠者。在他，生活中任何動作，都有平和與武裝，仁信與刼掠的兩面；依情勢的變化，兩面中之一或其他，可以瞬息實現。在東裏海的土爾哥族(the East Caspian Turkosmans)的手上，漁撈及航海可以忽變爲海盜行爲。……爲畜牧者時的外形上和平生涯的活動，決定其爲戰鬥上時的活動；放牧的鈎鐮·變成了戰具。秋高而肥馬在場，羊毛已剪，則遊牧民之心，一變而從事于此時期連續實行的血鬥或刼掠的遠征(稱爲Baranta，直譯便是養畜，舉家畜)。這是自助權的表現，在法律的爭議，或在名譽的抗爭，或在血鬥之中，這個權利，就于敵人所有的最貴重的物品——即敵人的畜羣之上，要求清償及担保。從前沒有參加過Baranta的青年，必須首先取得Batir即英雄之名，因此始可要求尊崇及敬仰。與冒險的欲望相結合的所有慾，發達了三個遞降的階級：復仇者，英雄及强盜」。(三十)

同樣的發達，存在于海上遊牧民——海寇民(the Vikings)，與陸上遊牧民相同。這是很自然的，因爲在人類史最重要的事例中，海上遊牧族不過是陸上遊牧族治的習慣，及運用「政治手段」的興趣。由航海所發達的嚴厲紀律，更助長了這種習慣和興趣。「共同漁撈」，從船員的紀律，得到不小的利益。他們對于每隻大船上選定的船長，必須無條件的服從，因爲成功是全有賴于服從的。對于一隻船的統治，到後來便對國家的統治容易了。「我們慣把棱羅門羣島民族算做完全的野蠻人，但他們仍有一個協勁的要素，結合了他們的力量，這便是航海」。〔三十四〕西北印第安人所以沒有和他們同類在舊世界一樣，變爲這樣優良的海盜，是因爲他們所能相接的鄰居民族沒有發達，高的文化；但是，一切較爲進步的漁撈族卻都有海盜行爲了。

因爲這個理由，海寇族與畜牧族一樣，有選擇「政治的手段」做他們經濟生存的基礎的能力；同樣的，他們也會爲大規模的國家建設者。此後，我們要分辨他們所建的國家，叫做「海國」；反之則遊牧民——在新世界，狩獵民——所建的國家，叫做「陸國」。我們將于我們討論發達的封建國家的結果之際，詳細研究「海國」。但在我們討論國家的發達及原始封建國家時，我們必自限于陸國的研究，而置海國于度外。這個研究法是很方便的，因爲在一切實質的條件上，海國有一樣的性徵，不過其發達過程，不能夠像陸國的發達過程那樣，依各種典型的階段一一尋求罷了。

第四章　國家的發生

狩獵羣在數量上，在個個戰士的力量上，比着與他們相衝突的遊牧民，是不能匹敵的，他們不能抵抗其壓迫是自然的。他們只有逃走到高原及山中，遊牧民不獨因爲追擊的困難，並且因爲這種地方沒有畜牧的牧場，所以不願窮追；他們又或加入一種附庸關係的形式，如非洲所屢見，尤其是在太古時代所屢有。當洗克索人(theHyksos)侵入埃及之際，這種附庸的狩獵民隨從他們。狩獵民爲報酬牧畜民的保護，常貢獻其狩獵所得，並爲之偵察和守衛。但狩獵民是「實際的無政府主義者」，屢屢甯遭刑戮而不能屈服以從事于有規則的勞動。因爲這些理由，這種衝突，從沒有發生「國家」。

農民以沒有紀律的連隊，以沒有紀律而人自爲戰的戰士來作戰，所以，縱令他們的人數較多，他們終竟不能比狩獵民更能夠抵抗武裝遊牧民的襲擊。但是農民是不逃走的。農民粘着于土地，而慣于有規則的工作。他居留，他屈服，且貢助于征服者；這便是舊世界的陸上國家的發生。

在新世界，沒有土產的牧畜，如牛馬駱駝之類，我們發見那農民的征服者，不是游牧民，而是狩獵民，因爲狩獵民在武器使用上及軍事紀律上，較爲敏捷。「在舊世界，我們發見游牧民與農民的對立，發達文化；在新世界，這對立乃存于定住與遊動部落之間。專事農業的托爾特克族(the Toltecs)與從北方侵入而已有高度發達的軍事組織之曠野部落作戰，與伊蘭與圖蘭兩部落相同。」（二十五）

這不獨可以適用于祕魯和墨西哥，並且可以適用于全美洲。這是一個很强的證左，證明那文明的根本基礎，全世界是一樣的，在各種經濟和地理的條件之下，其發達是相一致而有規則的。只要有機會，有權力，則人捨必經濟手段而取政治手段，以保持其生命。或者不獨人類是如此，依梅特林克的密蜂之生活 Meiterlinck's B

Life of the Bees），蜂羣一度有了經驗，不以勤苦的建設而以刼掠手段從別的蜂巢取得蜂蜜以後，「經濟的手段」便腐化了。勞動蜂因此便變爲盜竊蜂。

姑將新世界的國家構成，置于不論，（因其在世界史上沒有多大的意義）則一切國家發生的原因，是農民與游牧民，勞動者與掠奪者，耕種地與放牧地之間的對立。由地理學的觀點而研究社會學的拉側爾，很聰明的說明這件事：「我們必須記着，游牧族並不是常把定住民族的反對文化，加以破壞。這不獨適用于部落，並可以適用于國家，亦可以適用于强力的國家。游牧族好戰的性質是創造國家的重大基因。這表現于亞洲的龐大民族，被治于游牧王朝及游牧軍隊，如波斯被治于土耳其人（突厥）；中國被征服及統治于蒙古人與滿洲人；印度的蒙古及拉發蒲路（Ratja Puta）國家；以及蘇丹（the soudan）邊地諸國家，在此處，過去互爲仇敵的兩族，雖因共同利益而相與結合，但其融合過程還沒有多大發展。沒有一個地方比此處（游牧及農耕諸族的邊界）還指示得明白些：游牧族創造文明的衝動作用，不是文明活動的結果，而是最初破壞和不工作的好戰的掠奪。其重要之點，在游牧族有能力來結合那定住種族，否則易于渙散。但是，這並不是說遊牧族無所學問于其臣民。……不過一切勤勞聰敏的農民沒有且不能有統治的意志與權力，及好戰的精神，和產生國家的秩序與服從之意識。因為這個理由，蘇丹沙漠所生的侯王，統治其黑色臣民，正與滿族統治中國臣民相類似。這件事是依一個法則而成立的，此法則對于丁伯都（Timbuctoo）以至于北京皆能適用，依此法則，毗連廣大牧場的富饒農耕區域容易有國家的構成；在這種區域內，定住民族的高級物質文化常猛烈的被征服于有活力，能戰鬥，善統治的牧場居住者」。（三十六）

從一個農業民族被征服于遊牧或海上漁撈族以至于國家的發生，可以分別為六個階段。在下列的討論中，決不能夠固執以為實際的歷史的發展，在每個特殊情形中，都必須一級一級的經過階段的全部。便在這裏，其論斷不全賴于理論的構成，每個階段都從歷史及民族學上找出多數的事例，而其中仍有些國家顯曾經過階段的全部。但還有多數國家卻躐過諸階段中的一步或兩步。

第一個階段是邊界戰爭中的刼掠和殺戮，無窮極的戰鬥或依和平，或依休戰而中止。其特徵是男子的屠殺，婦孺的掠走，畜羣的搶奪，及住所的焚燒。攻擊者初雖戰敗，他們為復仇的義務所驅策，捲土重來，其勢更强。有時農民羣集合而組織義勇軍，或許擊敗那輕矯的敵人；但是行動太遲緩，而荒漠中給養的運輸，在農民未免太費。農民的義勇軍不像敵人那樣，攜帶食糧——畜羣——以入于戰場。在西南非洲，德意志人曾經有了經驗，一個紀律良好，力量優越的軍隊，加以列車為之運輸，具有德意志帝國億萬士為之後援，但與游牧民少數戰士相遇，便遭逢很多的困難，游牧戰士竟能夠與德人以決勝的打擊。對于原始農民的連隊，因思鄉安土的農民之狹隘的精神，又因戰爭進行則田疇荒廢，這種困難，更要增加。所以在這些情形，人少而集中且敏于行動的戰鬥團體，終竟能擊敗人多而渙散的羣衆，與猛虎之制勝水牛相類。

這是國家構成的第一個階段。國家或即停頓于此點，經數世紀或千年而不進。

下面是一個明瞭顯著的例子：

「每個土爾哥部落（a Turkoman tribe）的牧場，從前各圍以寬廣的地帶，可以認為他們的「掠奪區」。喬拉散（Chorossan）的東北方的物品，名義上雖屬于波斯領域，但歸于邊境平原上土爾哥族，若乍德族(t e jomudes)，哥克林族(Goklenes)及其他諸部落者，較歸于波斯者為多。以同樣的方法，德金茲族(the Tekinzes)常劫掠從奚窪(Kiwa)到波加拉(Bokhara)各地帶，直至以武力圍困其他土爾哥部落，或夷為緩衝地為止。在東亞細亞到西亞細亞之間，連亘於其間各地帶上犬牙相錯的荒漠區，其歷史上有無數相同的事例；在此諸地，從古代起，中國占領了一切重要的戰略中樞，如加米草原(the Oasis of Chami)等處，因此能施用其統治的勢力。從北向南來的游牧族屢欲侵略這些肥沃的島嶼，這于他們實有似于極樂之島。而每一牧羣，無論其擄回捕鹵，或戰敗逃歸，廣漠的平原實足為之保護。雖最逼近最直接的威脅，因蒙古族繼續衰弱且依西藏的實際統治而有以避免，但是唐干族（the Dunganes)最後的突擊，仍指示游動部落襲掠文明島嶼之甚易。他們的生存必須游牧族殲滅以後始可保障，但游牧族的殲滅，因中亞細亞廣原的存在，終不可能」。

二十七

舊世界的全部歷史充滿了著名的羣衆遠征的事例，這是屬於國家發達的第一階段的，因爲其目的不在于征服而直接在于刼掠。西歐飽受這遠征的來襲，陸上有略爾特人，德意志人，漢斯人(Huns)亞窪爾人，(Avars)，亞拉伯人，馬加人（Magyars)、韃靼人，蒙古人，及土耳其人；海上則被擾于Vikings，及沙拉遜人（he Saracens)。這些羣隊，超出慣行刼掠地域以外而泛濫于全歐。他們退休，歸去，滿載，所遺留着一片荒郊。但又有多數的事例，他們在泛濫的地域之某區，直進入國家構成的第六階段卽最後階段，他們在農業人口之上，建立永久的統治。拉側爾把這些羣衆遠征說明得很好：

「大羣遊牧族的遠征，與這種一點一滴，一步一趾的行動不同，他們以偉大的威力，浩蕩前進，尤其是中亞細亞及鄰近各地。此處的遊牧族，和亞拉伯及北非洲一樣，在為單一目的而結合全體羣衆的組織之下，把他們生活方法所有的動力，結合起來。他們很容易從他們部落的父治制度，發達為專制權力及廣大威力，這似乎是遊牧族的一個特徵。集團政府因之而發生，以此與他們的行動相比較，恰有似漲溢的潮流之于確定的分派的支流。中國、印度、及波斯的歷史，乃至于歐洲的歷史，都指示其歷史的重要性。恰如他們在自己牧場上，攜帶着妻子奴隸及車輛家畜以及他們所有的行裝而迴旋移動一樣，他們也這樣的縱橫泛濫于鄰邦。這種裝載，雖減少他們的速率，卻增加他們的動量。他們驅逐恐怖的住民，他們像波濤一樣滾流于征服地域而掠取其財富。因為他們攜帶所有物品而行，他們的新居充滿了他們所有物，所以他們的最後定住地有民族學的價值。依此方法，馬加族(the magyars)侵入了匈牙利，滿族侵入了中國，突厥族侵入了從波斯到亞德利亞海的各地。」(二十八)

關于哈米族，色目族及蒙古族的說明，也可用來說明亞利安遊牧部落。又可以適用于純粹的黑人，至少可以適用于其中完全依畜牧而生活的部分：「游動而好戰的加非爾（K firs）諸部落有發展膨脹的能力，只要有誘引的目標，便發生猛烈的活動而革那廣大區域內民族的關係。東非洲便有這樣的目標。這兒與內部諸地不同，其氣候適宜于牧畜，從始便不會阻礙遊牧族的壓迫力，同時又有多數和平的農業民族發達于其間。加非爾的游動部落如潮水之流，侵入陝巴西（Zambesi）肥沃的土地，並入于潭幹依加（the Tankanvika）與海岸間的高原。在這兒，他們遇着那從北方來此的哈米族爆發的波瀾，這便是窪特西族（Watusi）的前衛。這些區域從來的住民，或被殺滅，或爲農奴以耕植自己從前的土地；或繼續戰爭；又或在征服的潮流遺留在一邊的土地上存留不擾。」（二十九）

這些都是在我們的眼前發生的。有些還在那裏進行。凡數千年，這種事實震動了陝巴西到地中海之間的全部東非洲。依洗克索族的入寇，埃及屈服于東北沙漠諸牧畜部落者幾五百年，——這些部落便是「到今日還在尼羅河與紅海間牧養其畜羣的民族的同種。」（三十）所以流克索族的入寇，是國家最初確實的基礎。這些國家之後，接着有許多國家發生于尼羅河流域，且遠向南方，到了中央公果的南境，有孟阿塔姜波帝國（the Empire of Muata Jamvo），——這是依安哥拉(Angola)葡萄牙商人十六世紀末葉的報告，——再南一點，是烏甘達帝國（the Empire of Uganda），這個帝國，直到我們的時代，才征服于歐洲較爲優越的軍事組織。「荒漠與文明，决不能和平的相安；彼此的鬥爭是同樣的，並且是反覆的。」（三十一）

「同樣的並且是反覆的」！在基本的原則上，這可以適用于世界史。全世界上，人類的本性，在基本的徵象上是一樣的。一切顏色的人種，一切的地方，無論是熱帶或溫帶，在環境的同樣影響之下，人性的活動常常是一致的。我們必須追溯前古，取高遠的觀點，始可知細節上雖千差萬別，决不能掩蔽那羣衆的偉大的運動。如果這樣，則我們的眼光可以略過那戰爭，游徙，及勞動的「形式」，而其「實質」，永遠的相似，不斷的更新，繼續的變化，卻在一致的法則之下，呈示于吾人。

從第一個階段，漸漸發達了第二個階段，在這個階段裏，農民經過了千百次沒有成功的叛逆的企圖，不得不屈從于運命而停止抵抗。約在這個時期，野蠻的游牧民漸意識到殺戮了農民便不能夠耕耘，砍倒了果樹便不能夠結實。于是，爲自己的利益計，只要能夠做得到，他便任農民生存，任果樹植立。游牧族的遠征還是和從前一樣，每人各全副武裝，但已不復期待並希望戰鬥和暴烈的刼取。侵略者固然燒殺，但以强制被征服者的服從或破壞其孤立的反抗所必要者爲限度。通常則他們依照那正在發達中的習慣法，——一切公法發達的最初的萌芽，——只收奪農民的剩餘生產物。這便是說，他們留住宅，農具，及次期收穫以前的給養于農民。※在第一階段中，游牧民恰似一匹熊，爲刼取蜂巢計，破壞蜂巢。在第二階段中，他卻似一個養蜂家，留蜂蜜于蜂羣，使足渡嚴冬。

※拉側爾前揭書中第二冊三九三頁敘述亞剌伯人時，說：「畜養牧隷的困難

，使養奴爲不可能。他們征服了大量的人口，凡維持生命所必要者以外，收奪一切。他們改變全部肥地爲耕地，于收獲時到來以掠奪住民；這是沙漠所特有的統治」。

第一階段到第二階段之間，進步是很大的。在政治上，在經濟上，這一步的前進是很長的。在最初時，游牧民的收奪，純粹是占領的收奪，我們在前面已經說過了。他們不顧及結果如何，爲一時的享樂，把將來財富的源泉破壞了。自此以後，他們的收奪變成爲經濟的，因爲一切經濟是以治家爲基礎，換句話說，爲預計將來的需要而限制現在的享樂。游牧民學着「資本化」了。在政治上，這也是長足的進步，從前殺掠有如野獸的一個異族，現在有了價值了，現在成了財富的源泉了。這雖是一切奴隸制度，征服及剝削制度的開端，但同時是社會較高形式的起源，社會依此便跳出那基于血統的家族制了。我們現在看見掠奪者與被奪者之間，有法律關係的最初的線索，把從前兩個「死敵」之間的裂隙聯結了。農民因此得到了保持生命必要品的權利；所以，漸漸承認了殺戮無抵抗的人，或收奪其一切物品；是一種侵害了。

還有比這更好的，漸漸的有更細密更柔和的線索，織成薄弱的網，雖然還很薄弱，但在那掠奪的分界之慣行關係外，更創設了較多的人間關係。游牧民既不復只以戰爭與農民相見，他們現在或許容納農民恭敬的要求，或救濟其有理由的悲訴。公正的「範疇的命令」：「己所不欲，勿施于人，」在以前，遊牧民只遵守以待遇自己部落的同人；今始囁嚅忸怩的，爲血統不同的人們應用了。在這兒，我們發見了從小羣而型成民族或民族聯盟的外部融合過程的萌芽；從此以往遂生長出「人道」的觀念。我們更發見了一度分裂的諸部落的內部團結的萌芽，由此以往，耶蘇敎及佛敎的人道的博愛便將代「野蠻人」的憎恨而興起了。

征服者恕免其犧牲以便永久於生產的勞作上剝削他們的瞬間，在歷史上有無上的重要性。從此創造了民族及國家，創造了法律及較高的經濟，及以前並今後由此生長之種種發達和一切支派。人間一切事物之根柢，乃深植于禽獸的黑暗泥沙——愛與藝術，乃至于國家，法律，及經濟，莫不皆然。

還有另一個傾向，更密切的聯結這些心理的諸關係。若再依前例，比游牧民于熊羆，則在荒漠之中，除守護蜂巢的熊羆而外，還有別的熊羆也渴想蜂巢的甜蜜。但是我們的游牧部落卻以武器的力量阻止他們。在危險來襲之時，農民漸習于向游牧族求援，而前者不復視後者為盜徒與兇手，而以為保護人與救助人。試想像當復仇的集團把敵人的首級與掠得的婦孺攜回農村的時候，農民應如何歡悅。結合他們的連瑣不復是輭弱的線索而成了剛强的鎖鍊了。

這是國家「完整化」的主要力量之一，依此而在繼續發達過程中，原來不屬于同一血統，且常屬于語言不同的異族的諸部落，終竟融合為一個民族，有同一語言，同一習慣，及同一的民族性的感情。此單一性更依共同的悲苦與需要，共同的勝利與敗衄，共同的歡喜與憂慮，而漸次長成。主人與奴隸為共同利益而行動時，一個嶄新且廣大的境界因此展開了，于是又發生了相互同情之流，及共同服務之感。雙方了解並逐漸認識了彼此共同的人間性。漸漸在從前引起反感及憎恨的體格與衣飾，語言與宗教的差別之外，感覺了相同之點。初則依共同的語言，後則依共同的習慣，他們漸漸知道彼此互相了解了。心理的互相關係之網，更加堅固了。

在這國家構成的第二階段中，以實質條件而言，國家基礎已經建立。以後再沒有再比熊羆變作養蜂家的變化更重要的階段。所以，只有簡單的論述便夠了。

第三個階段的到來，是在農民所得的「剩餘」，以「貢賦」的方式，有規則的獻納于游牧民天幕的時候。這種規則給予雙方以明瞭且多量的利益。依此方法，農民從過去徵收方法所伴隨的無規則性——如少數人之被打，婦人之被奸，或田舍之被焚——完全解放了。他方面則游牧民無須再為這種「業務」去耗費「費用」和勞力（用商場的用語）；因此他們可以把節省的時間和力量，專用于「業務的推廣」，換句話說，再征服別的農民。

貢賦的方式在歷史上許多顯著的事例中可以找到。汗斯，馬加，韃靼，突厥諸族最大的收入是從歐洲人貢賦中得來的。有時候臣民向主人獻納的貢賦的性徵不大明瞭，而變形爲保護的報償，或保護金。關于亞梯拉（Attila）的故事是有名的。亞梯拉從孱弱的君士但丁的皇帝命爲一個封建諸侯，而獻納貢賦于汗，作爲補助金。

第四個階段又是很重要的，因爲牠加入一個決定的原因于國家的發達，這便是在一片的土地上結合兩個種族羣，※（沒有領土的觀念，則國家的法律的定義不能成立，這是人所熟知的。）從今以後，原來是國際的兩羣的關係，漸變爲國內的關係了。

※傅爾布族的情形顯然是這樣的，——從前三個階段向于第四個階段的過渡。在此階段中，統治的實施，半是國際的，半是國內的。依拉側爾：「和馬賊一樣，征服種族伸其多數的爪臂從各方面進入于恐怖的半原始種族之

中，半原始種結合的鬆懈，本留有許多的裂隙。傅爾布族便這樣的侵入了貝魯(the Benue)地方，很緩慢的蝕侵了他們。後來的記家不敍述他們間的確定界限，這是正當的。慕利 (Muri) 是散住在中央貝魯的多數傅爾布住地的都城，而在亞打馬窪區域內，哥拉(Gola)的地位也是一樣的。但是還沒有那有確定邊界的正式王國。便是這些都城，在別的關係上也還沒有確實的定住」。

這種領土的結合也可以依外來的影響而成立。或者是較強的牧羣把游牧族迫集于一個地方，或者是他們的人口增加已達于牧場或草原營養能力的最高限度；或者是廣大的獸疫使游牧族不得不棄却其無限的牧場而改居于河川流域的狹地。但是，通常的情形，單是內部的原因，也可以使游牧族留居于他們的農民的隣地。他們有抵禦別的「能態」以保護他們貢賦臣民的義務，他們在臣民的鄰地畜養青年戰士的連隊；這同時也是一種最好的防禦方法，以防止臣民衝抉其壓制或迎降其他游牧族以爲主人的希望。後者情形並不是稀有的，如果傳說是眞確的，這便是魯力克（Rurik）之子所以來到俄羅斯的方法。

但是地方的聯立，還不能算是狹義所謂國家共同體，換句話說，還不能算是單一性的組織。

在游牧族對待其不大善戰的臣民的時候，他們仍繼續其游牧生活，和平的上下遊行，而放牧于其披里阿克（Perioken）及希羅特（Heloter）之間。這便是中非洲「世界最美的人」（Kandt之語）容彩煥發的窪胡馬族（Wahuma）（三十二）的情形，及亞斯加諸族（the Asgrass）的哈達納那（the Hadamara）之圖阿雷氏族（the Tuareg clan）的情形，圖阿雷氏族「在般拉德（Imrad）之間植其生活根據而完全變成一種游動的掠奪者。般拉德諸族是亞斯加諸族的勞役階級，雖然般拉德能夠徵發多于亞斯加十倍的戰士于郊原，但亞斯加仍生活于般拉德之上；其關係與斯巴達與希羅特的關係相類似」。（三十三）

在鄰居的博爾谷族(Borku)中間的忒達(the Teda)也是一樣的。「土地分爲營養游牧氏的半沙漠與種植果樹的田園，恰和這一樣，人口也分爲游牧族與定住族。雖兩者數量差不多相等，共計約十萬至二十萬，但不用說，後者是臣服于前者的」。(三十四)

同樣的說明，可以應用于叫做加拉馬西(the Galla Masi)及窪胡馬的游牧族之全羣。「雖財產的差別很大，但他們的勞役階級的奴隸極少。代表勞役階級的，是一種身分低下的人民，和地們自己隔離而生活。畜牧是家族及國家的基礎，因此也是政治進化的原則。這個廣大的領土，一方是希阿窪(Scehoa)與其極南邊界，他方是陝希巴(Zanziba)，雖其間的社會分化很是發達，但沒有强大的政治權力。」(三十五)

如土地不宜于大規模畜牧，——如西歐便全都是這樣的——或其間有好戰的人口時時有叛變的企圖，則領主集團便要永久的定住，設立營幕，堡壘，或城鎮于險地或戰略上的要樞。他們從這種中樞上統治他們的「臣民」，其主要目的在收取貢賦而不問其他。他們任他們去管理他們自己的事務，繼續他們自己的宗教信仰，解決他們自己的爭議，並決定他們內部經濟的方法。他們自治的組織，他們地方的官吏，在事實上是不受干涉的。

如果佛蘭茲布爾（Erants Buhl）的報告不錯，則伊斯蘭族（Israelites）在加蘭（Canaan）的統治，便是如此的。（三十六）亞披西尼亞（Abyssinia）這個軍事權力，雖乍見似一個完全發達的國家，但似乎沒有超越第四個階段。至少也有如拉側爾所說：「亞披西尼亞人主要的欲求是在貢賦，他們追隨古代及現代東方君主國的方法，不干涉其臣民內部的行政和司法事務。」（三十七）

第四階段的最好的例是西班牙征服以前的古代墨西哥：「墨西哥人領導下的聯盟，有很進步的征服觀念。只有反抗的部落才被殲滅。否則，對于被征服者只不過加以掠奪，然後使獻納貢賦。戰敗的部落和從前一樣，以自己的官吏管理自己的事務。在祕魯卻不相同，于第一度攻擊之後，便建立堅固的帝國。在墨西哥，懾服與剝削是征服的唯一目的。所以其結果，在西班牙征服時所謂墨西哥帝國者，只是代表着懾服的印第安部落之一羣，其間的聯合，卻因爲他們畏懼他們內部堅固難攻的城堡或將出兵從事于掠奪的征討，不能鞏固。」（三十八）我們決不能夠說這是固有意義所謂國家。拉側爾在上面一段話的註釋內指示我們：「孟特楚馬（Montezuma）戰士所占領的各地爲尚未征服的地帶所隔離，這是一定的。這個狀況很類似賀窪（the Hova）在馬答加斯加的統治。我們不能說在一個地域上散布着幾處城堡——再好一，散布着幾處軍事殖民地，便算是絕對統治的象徵，因爲這些殖民地保有少數幾哩的地帶于歸服，已經很難。」（三十九）

論理的必然性從第四個階段迅速進入到第五個階段，差不多完全構成了成熟的國家。鄰近的村落或氏族間發生了爭端，領主卻不任其戰鬥，因爲作戰將使農民勞役的能力終于破壞。領主乃僭取裁判權，於必要時，執行其判決。其結果，在每個村落王侯或氏族首長的「法廷」，設置一個官僚的代表以行使職權，而首長則保留形式上的權力。般加（the Incas）的國家，以原始的形態，而構成這個組織的一例。

我們發現了般加在其祖遺田宅所在地古斯可(Cuzco)相與結合。(四十)但是般加的代表，圖克利古克（the Tucricuc），郤駐在于每個區域土著首長的宮廷。他「監督他的轄區內一切事務；他召集軍隊，他監繳貢賦，他指揮築路修橋的強制勞動，他監督司法事務的執行，綜之他監督轄區內一切事務。」(四十一)

美洲狩獵族及色目畜牧族所發達的制度，亦見於非洲的游牧族。在亞香帝，圖克利古克制度以典型的方式而發達；(四十二)郤阿拉(the Dualla)爲分散的村落居住的臣民建設「基于征服而性質在封建制度與奴隸制度之間的制度。」(四十三)同著者又報告說，巴羅茲族（the Barotse）有一種憲制，與中世封建組織的最古階段相應：「他們的村落……原則上以莊舍圍繞一周，爲農奴所居住。農奴耕作附近的領主田地，或種稻，或牧畜」(四十四)。只有一件事不合于典型，領主不分居于孤立的堡壘或宮廷，而定住在臣民的中間。

從般加到拉西底孟(Lace daemon)，密西尼亞(messenia)，或克里特 (Crete)各地的道利亞人 (the Dorians)，不過再進了一步；而傅爾布，部阿拉及巴維茲與組織較為嚴密的封建國家如烏甘達，翁約諾 (Unyons) 等以及東西歐和亞洲的封建國家之間，也沒有多大的懸殊。在一切地方，同樣的社會心理學的原因產生同樣的結果。維持臣民的秩序並同時維持他們使有勞動的完全能力的必要，一步一步從第五個階段引進了第六個階段，在此階段中，因有了完全的國內性，因「民族性」的進化，而國家在一切意義上皆臻于完全發達之境。干涉，彈壓，刑懲，及強制服從的必要逐漸增加，于是發達了支配的習慣與統治的慣例。最初分離對立而後來卻在同一領土上相與結合的兩羣，在最初不過相與並存，到後來則犬牙相錯，類似于物理的混和(用一個化學的名詞)，而逐漸成為「化學的混合」。在習俗與慣行上，在言語與信仰上，他們相與混和，相與結合，相與融合而爲單一體。親屬關係的連瑣更即時結合此上層與下層。在一切地方，治者階級常從被治種族中選取最美的女子以爲妃妾。于此發達了一個雜血種，有時取入於治者階級，有時則棄置之，因其含有主人的血脈，便成爲被治種族中生來的領袖。在形式上，在實質上，原始國家完成了。

第三篇　原始的封建國家

第一章　統治的形式

原始國家的形式是統治，是內部團結而密切聯盟的少數戰鬥集團，君臨于確定領土及其耕殖者之上的統治。習慣漸漸發達為法律，統治即依之以行使。這種法律規定領主的特權及各種要求，與臣民的服從及勞役義務，以不破壞農民的勞役能力為準衡。勞役能力 Praetationsfaehi gkeit” 這個字起源于佛蘭德利大王的改革時期。所以，「養蜂者身分」是受習慣法的規律的。農民給付及工作的義務是和領主方面保護的義務相對應的，領主須制止同僚的需索，並防禦外侮對農民的攻擊。

這是國家觀念的內容之一部；但另外還有一部，在最初卻更是重要些；這便是經濟剝削的觀念——滿足需要的政治手段的觀念。農民不受相當的對價而提供其剩餘勞動生產物于領主。「在最初則為地租」，這句話便指此而言。

地租徵收和消費的形式有種種。有的是多數領主，結成密切的聯盟或共同體，定住于壁衛的營壘之內而以共產的形式消費他們臣民的貢賦。般加國家便是這樣。有的是每個戰鬥貴族各分得一塊確定的土地：但通常則土地的生產仍然由階級同僚及武裝伙伴共同消費于,,Syssitia"之中，如斯巴達是。有的是土地貴族散居全域，各人與其從者居住于壁衛的城堡之內，各消費各人自己領域或土地的生產。但是這些貴族在土地的管理上，還沒有成爲領主（Landlord），每個貴族從其隸屬者的勞動，收取貢賦，但他並不指揮，也不監督。這是中世的德意志貴族土地統治的形式。最後，武士變爲所有人，而管理其武士的莊園。從前的農奴發達爲他的田園上的勞動者，而從前的貢賦現在卻變成了企業的利潤。這是現代資本家的企業之最早形式，如額爾布(the Elbe)之東的大領域的剝削，（前屬于斯拉夫族，後來爲德意志人殖民地）即屬於此。這種種形式之間，又有許多的階段存在。

但是以要素言，則同爲「國家」。無論何種形式，其目的總是在於滿足需要的政治手段。最初，其方法是收取地租，到後來有了企業的活動，則收奪其生產物。無論何時，其形式總是統治的形式。因此，剝奪被承認爲「正義」而保持於「憲法」，嚴格的遵守，于必要時且以殘酷手段執行之。但是，征服者的絕對權利卻因此而減縮于法律限制之內，以便能繼續不斷的收取地租。臣民方面供應的義務，依他們保持自己的健全能力的權利而有所限制。領主方面徵收的權利，依其對國內及國外的保護義務——法律的安全與國境的防禦——而有所補充。

原始國家至此，在一切實質條件上已完全發達了。國家已經過了孕育的時期，一切繼起的現象不過是成長的現象。

若與家族的聯盟相較，則國家屬于高級的類型，這是無疑的；因爲國家包容數量較大的羣衆，聯鎖較爲密切，克復自然及抵禦敵人的能力也較大。國家改變人類半遊戲的職業爲嚴密有組織的勞動，因此，爲將來無數世代的子子孫孫，齎來無告的痛苦。自此以後，這些羣衆便不得不于血汗滿額之中自飽飢腸。國家統治的鉄鎖已繼血族自由社會的黃金時代而起了。但是國家，依固有意義所謂勞動之發現，在這個世界上，創設了那造成更高的倫理關係與全體的無上幸福的黃金時代的唯一力量。用希拉爾（Schiller）的用語，我們可以說，國家破壞了人類在孩童時代無教育的幸福，爲的是促使他們，循痛苦之悲哀的路，以達于成人時代有意識的幸福之域。

一個較高級的類型！鮑爾馮利甯非爾德(Paul von Lilienfield)是極力辯護那以社會爲高等有機體的見解之一人，他指出了在這一點上我們可以于通常有機體與超有機體之間，畫兩道顯著的平行綫。一切高等生物依兩性而生殖，低級生物卻不依兩性，而依分裂，依發芽，且有時依接合而生殖。我們已經指出，簡單的分裂恰與那前國家時代基于血統的團體之成長與發達相當。這種團體直成長到太大了，以致不能聯結：牠便失却了單一性，牠便分裂，而各個羣集如果還有聯繫，也不過存留着極鬆懈的關係，並沒有再密切一點的連鎖。族外婚制的各羣相與融合，則可與接合相比擬。

然而國家則依兩性生殖而產生。凡是兩性生殖必依下列過程而完成：雄性要素，微小，活潑，游動，震蕩的細胞——精虫——尋覓着一個較大的，靜止的，不能夠自己游動的細胞——卵子，或雌性要素——而進入並與之融合。依此過程，引出一個偉大的發育過程；換句話說，一個可驚的分化，和一個同時發生的完整化作用。天使其結合于土地的靜止的農民，便是社會學的娠妊作用中之卵子，游動的游牧部落便是精虫；而其所結成者便是一個較高級的社會組織的成熟，其器官分化較爲圓滿，而其完整化亦較爲完全。此外要再尋平行之點也是很容易的。我們可以把邊境上的血鬥，比擬那無數精虫游泳于卵子之旁，後來最强力最幸運的一個發現珠孔(micropyle)而征服之。又可以把卵子向精神的神祕誘引力，比擬那一樣神祕的力量，把游牧族從草原引誘到繁殖的平原。

但是這一些話都不是「有機體說」的證據。不過指出問題之所在罷了。

第二章　完整化

我們已自第二階段起，從以經濟爲內容而以政治法律爲形式的客觀生長上，追溯國家的發生。但是更覺重要的，是觀察其主觀的生長，即其社會心理學的「分化（differentiation——微分化）與完整化（integration——積分化）」。我們先討論完整化。（說社會心理學，因爲一切社會學差不多都是社會心理學）。

在第二階段中，如上所述，我們看出了在經濟的融合過程進行之際，心理關係之網如何漸加緊密。兩族方言合爲一個語言；或是兩種方言之一滅絕，尤其是語源與其他方言完全相異者，常歸于滅絕。這有時是征服者的語言，尤常爲被征服者的語言。雙方的信仰成爲一個宗教；就中征服者的部落神常奉祀爲主神，而被征服者的舊神或變爲其臣僕，或變爲妖魔而爲主神之敵。雙方身體的構造，依同一氣候及同樣生活方法，漸趨類似。如與雙方體格有很大的差別，或保持着很大的差別，（四十五）則兩者的混血種在一定程度內，彌補了這個罅隙，——因此，雖還有種族的對立，但每個國民卻漸覺國境以外的敵種，究比國內新的混合模型奇特得多，且更可指爲「異族」。主人與奴隸，至少在說到國外敵人的時候，彼此皆視爲「我們」；其結果，來源各異的回憶便完全亡失了。征服者被信爲古神的後裔。這大抵可以說是事實，因爲所謂神者非他，便是他們祖宗的靈魂，依尊祀而升化爲神能了。

新的「國家」既比從前僅以血統相結合的共同體較爲進取，所以，與國外異族不同的感覺，依頻起的血鬥與戰爭而生長，且日益加强于「和平之域」內的民衆之間。亦因此故，他們彼此又發生互相依賴的感覺；于是博愛與平等的精神，從前只存在于一羣之內部且傳襲于貴族團體之內部者，現在卻遍植其根芽于全土，更益加洋溢于主奴關係之中了。

最初，這些關係只不過間或有所表現，只不過在適合于使用政治手段的權利之限度內，始許容平等博愛的存在；現在卻較爲擴大了。因國內有限制强權的法律保護，于是上層與下層之間乃造成一種更爲堅强的心理共同的紐帶，較之共禦外侮時勝利的凱歌，更爲堅强。這叫做"Justitia fundamentum regnorum"。有時貴族的社會羣，爲追求「正義」的理想，而殺罰自己階級中的一人，以懲戒其殺人或刼掠，及超過法定的剝削限度，則臣民的感激與歡呼較之克勝外敵尤爲熱烈了。

以上便是心理完整化過程發達的主要路程。維持秩序與法律及和平之共同利益，產生一種互相聯帶的强大感覺，可以叫做「國家意識」。

第三章　分化：羣的理論與羣的心理

在別一方面，與一切有機體的生長相似，又發達一種心理的分化，步調整齊，力量偉大。羣的利益產生了强大的羣的感情；上層與下層各依其特殊利益而發達其「階級意識」。

統治羣獨有的利益是在維持使用政治手段的法律而不許觸犯；這種利益養成了「保守主義」。反之，被治羣的利益是要廢止現行的統治而代之以新統治卽國內一切人民皆爲平等的法律，因此有「自由主義」及革命。

一切階級及黨派心理，其根柢皆在于此。因此在確定的心理學法則之下，發達了一些強有力的思想形式，這便是「階級理論」，經過數千年的鬥爭，常指導並辯解那時代思潮中的社會鬥爭。

「在意志發言的時候，理性是必須緘默的」。這是叔本華的話。甘勃羅維奚(Ludwig Gumplowicz)也說明同樣的意思：「人類依自然律而行動，在回想時，他始有人間的思想」。人的意志是嚴格的「決定的」，所以他不得不依照周圍的世界所加給于他的壓迫而活動；這個法則對于人類共同體，如黨，階級，及國家等等，皆可適用。他們都是「從抵抗最少的路綫，由高度的社會經濟壓迫流向于低度壓迫的」。但每個個人及每個共同體卻都自信是自由的；所以，在一個不可避免的心理法則之下，他們不得不認定他們所經行的道路是一個自由選擇的手段，並認定他們所趨向的定點是一個自由選擇的目的。因為人是一個理性的倫理的存在，換句話說是一個社會的存在，所以他不得不在理性與道德之前，辯解他行動的手段與目的，並考慮他當時的社會意識。

兩個羣的關係還不過是國際對峙的邊境相接之敵人關係的時候，政治手段的運用，無須加以辯解，因為敵方血統的人，是沒有權利的。但是，心理的完整一旦促進了國家意識的共同感覺之發達，而被壓迫的僕役一旦取得了「權利」，則政治手段需要一個辯解的體系，于是統治階級便發生所謂「合法主義」的階級理論。

到　的合法主義擁護者，常以人類學及神學的推論來辯解統治與剝削。統治羣認定武勇與善戰是人類唯一的道德，所以宣言自己（即勝利者），是多能並優秀的「種族」，這從他們的立場看來是很對的。被治種族因勞苦工作及窮苦生活而愈形低劣，則這個見解愈强。又因為統治羣的部落神成了新混合宗教的主神，這個新教便宣言以為國家的憲法是天授的，國家的憲法是公布，（tabu）違反者便是瀆神，——這從他們的觀點看來也是很對的。所以，簡單的論理的反證，便認定了被剝削被統治羣是實質上劣等的種族，好亂，狡詐，懶惰，懦弱且完全無能力自治或自術，所以，反抗其所屈從的統治，便是反抗了神，反抗了神的道德的訓令。因爲這些理由，統治羣永遠是與僧侶身分有密切關係的，這個身分，在其崇高的地位上，常爲他們的子孫所世襲。且與他們分享政治的權利與經濟的特權。

這便是統治階級的階級理論；一無所減亦一無所增。便在現代，這還是反覆致用的。例如，從前的法蘭西及現代的德意志的土地貴族常主張他們從無人記憶的時代已所有土地，至于農民卻不過許了終生的佃權，他們在法庭上拿這個主張去反駁農民的請求。這個理論，在非洲爲雀胡馬族中所常用，(四十六)在別的多數事例中也可以找得到的。

和他們的階級理論一樣，他們的階級心理在從前和現在，無論在什麼時候是同一的。其最重要的特徵即「貴族的矜莊」，表現爲對下級勞動層的侮蔑。這種心理是附麗于其人的。游牧民即令已經喪失了畜羣而在經濟上陷于從屬地位之後，仍舊保持他們從來的矜莊：「即令加拉人畜產已爲塔納(the Tana)河北方梭馬利人(the

Somali）所掠奪，因此做了別人畜羣的看守人，還有那沿沙巴溪（the Sabaki）的幾個處所，做了農民，然而他們仍舊蔑視瓦吐可摩（Watokomo）的農民，這些農民本是臣服他們的，這些農民很類似蘇阿嚇利人（the Suaheli）。但是加拉人對待他們貢賦臣民的狩獵族卻又不同，如類似加拉（the Galla）族的瓦波里（Waboni），瓦沙乃（Wassanai），及瓦郎古羅（Walangulo, Ariangulo）諸族」。（四十七）

下列關於梯布族（Tibbu）的描述，可以適用於瓦爾特哈佛腦特（Walter Havenaught）及別的貧窮武士，好像本來是描述他們似的；這些武士曾隨十字軍掠奪過鹵獲品，且曾領有過土地。又可以適用於德意志耶爾布之東的許多貴族戰士，及許多襤褸的波蘭紳士。「他們是自尊的人。他們也許行乞，但決不是巴利亞民（Pariahs——賤民）。在他們的境遇之下，許多人會徹底悲哀和窘迫的；但梯布卻生性倔强如剛鐵。他們很適於做强盜，戰士，及統治者。他們的刼掠方法也是森嚴的，雖然貪鄙如豺狼。這些襤褸的梯布人，與極端的貧窮戰，且有時瀕於餓死，卻常揚出傲慢的要求，自信爲可以實現。保護這些貧人使免於困乏者，便是認定異族的所有物爲共有產的豺狼的權利。完全且永續的戰鬥狀態使生命不能安全，因此生命成了堅决的挑戰，同時又成了豪放的報酬！」(四十八)這個現象不限於東非洲，因爲亞披西尼亞士兵也是一樣的：「他這樣的裝束着，向前邁進。他驕傲的蔑視別人：他使走土地，農民應當去替他耕作。」(四十九)

貴族既常時對經濟手段及施用經濟手段的農民，深加輕蔑，所以他很坦白地倚賴於政治手段。誠信的戰爭和「誠信的盜竊」，是他們統治者的職業，是他們統治者的權利。他的權利——除同等身分的人們以外——凡力之所及，無所不屆。政治手段的贊頌，再沒有比道利亞(Doric)宴歌還說得好的：

「我有無盡藏，戈矛與刀劍：

何以護我身，牛革蒙盾戰。

以此我鋤田，以此刈黍稷；

以此割葡萄，釀酒甘如蜜；
以此威農奴，呼「主」深懾息。
「此輩何所持，戈矛與刀劍，
不敢護其身，不敢執盾戰。
蠖屈我足前，五體伏地行；
有如我家獒，吻手寂無聲；
我登波斯王，震懾于吾名。」（五七）

※歌以音譯。茲載英譯于下：

"I have great treasures; the spear and the sword,
Wherewith to guard my body, the bull hide shield well tried,

With these I can plough, and harvest my crop,
With these I can garner the sweet grape wine,
By them I bear the name 'Lord' with my serfs
"But these never care to bear spear and sword
Still less the guard of the body, the bull hide shield well tried.
They lie at my feet stretched out on the ground,
My hand is licked by them as by hounds,
I am their Persian King--terrifying them by my name."

在這驕态的詞句裏，表示了好戰君侯的矜莊。下列詞句是取自一個完全不同的文化階段的，詞句之中指出刼掠對于戰士仍然有相當的地位，雖然有耶蘇教，雖然

有神的和平，雖然在德意志民族的神聖羅馬帝國。這些詞句是稱讚政治手段的，不過只是最粗獷的形式，不過單純的刦掠罷了：＊

「年少富家子！而欲富爾身，

　來從吾所敎，乘馬入吾營！

農夫施施來，藏爾在綠林，

　汛擊如鷹隼，從領挈其身，

奪來儘所有，喜氣溢爾心，

　鞭策其駟馬，遠逝如雲蒸！」（五十一）

＊詞以意譯，茲列其英譯于左：

"Would you like out your life, my young noble squire,

Follow then my teaching, upon your horse and join the gang!

Take to the green wool, when the peasant comes up,
Run him down quickly, grab him then by the collar,
Rejoice in your heart, taking from him whatever he has,
Unharness his horses and get you away!"

仲巴德(Sombart)在詞句的前面加上一句，說：「除非他樂于去實行更尊貴的狩獵及去從商人盡奪其貴重貨物以外」。可知貴族把刼掠當做補助他們收入的天然方法，他們財產上的收入愈不足支銷他們繼長增高的日常消費及揮霍，則這種方法愈加擴大。自由刼掠的制度，被認爲徹底尊貴的職業，因爲這是武士道的精神所要求，矛端或劍刃之所及，必儘其所有而收奪之。貴族習于自由刼掠，恰與補鞋匠之習于補鞋業相同。山歌以嬉戲的詞句來紓寫，說：

「刼掠，盜搶，非羞恥，

世上閑人皆若此。」

"To pillage, to rob, that is no shame,
The best in the land do quite the same."

除了這「紳士政治」的心理上主要之點以外，還有第二個象徵，也一樣的顯著，這便是他們敬神的虔誠，或者是內[illegible]，或不過公式的禮儀。

同一的社會觀念似乎使統治階級[illegible]不具有同一的性徵。最好的例示是：在統治者的眼中，上帝表現為他們的國神且更尊視為戰爭之神。雖然他們也承認上帝是人類的創造者，且承認為其敵人的創造者，——自奉耶蘇教以後，雖承認上帝是博愛之神，但是這究竟敵不過階級利益用以造就他們特有觀念體系的力量。

為完成統治階級心理學的概要起見，我們不應當忘却那浪費的傾向，這在那些「不知稼穡之艱難」者，是不難了解的，有時浪費卻以較高的形式——慷慨，表現出來；我們又不應當忘却他們的最高的特性——輕死之勇，此發生于少數集團所感受的壓迫，以及他們任何時間當須以武器保護自己權利之必要，又因他們免除一切勞動，得在狩獵競技及血鬥中發育身體，更覺能增加勇氣。好勇鬥狠，威名自矜，其弊乃至于狂，這便是他們的寫實。

在這兒還要增加幾句話：該撒(Caesar)發見克爾特人時，他們的發達階段正在貴族取得了對同等氏族的統治之時。從彼時到今日，他的古典的紀述具有權威，——都把貴族心理學當做全克爾特族的心理。便是孟孫(Mommsen)也不能免這個錯誤。其結果是，在每一本世界史或社會學中，我們可以看出這顯而易見的錯誤，重出迭見，直至矛盾完全失效爲止，殊不知只要一瞥之下，便能夠指出屬于一切種族的一切人民，在同一發達階段中，必表現同一特徵；在歐洲，如德沙利亞人(Thessalians)，亞浦利亞人(Apulians)，剛巴尼亞人(Campanians)，德意志人，波蘭人等等皆是。同時，克爾特人，尤其是法蘭西人，是在不同的發達階段，便表現大不相同的特徵。心理是決定于發達階段的，不是決定于種族的！

在別一方面，只要「國家」的宗教制裁衰弱或漸次衰弱了，則被治者方面便發達一個羣的理論，——自然法的觀念．或很明瞭．或很曖昧。下層階級認定貴族的種族尊嚴及僭取的優越地位，是僭竊的，主張自己的種族及血統正與統治階級是一樣尊貴的，——從他們的觀點看來，這又是很對的，因爲，依他們的見解，勞動，能力，及秩序，是唯一的德性。他們對于助長他們的敵人的宗教也懷疑起來了；且與貴族確信相反的意見相同，他們確信統治羣的特權侵犯了法律也侵犯了理性。此後的發達，對于這些基本的觀念。再也不能有實質上的增加了。

在這些時而明瞭時而曖昧的觀念的影響之下，兩個羣便各爲自己的利益而鬥爭了。新起的國家，如果沒有共同利益的向心力，沒有更有力的國家意識，便會因這種離心力的爆發而分裂。外來異族及共同敵人的壓迫，克復了互鬥的階級利益的內部衝突。羅馬史上平民的脫退(Secessio Plebis)與梅涅尼沃斯亞格利巴 Menenius

Agrippa 使命的成功，便是一個好例。所以一個新起的國家好似一個行星，如果牠及四周的宇宙沒有變遷和發達，致令牠生出了新的外力和內力，則將永遠遵循那力的平行四邊形所預定的軌道而周遊的了。

第四章　高級的原始封建國家

生長自身便會引起重要的變化；新起的國家是要生長的。使牠成立的種種力量，也促進牠的擴大，促使牠掌握更大的權力。即令這種新起的國家「肥飽了」，——如同許多現代國家有肥飽的要求一樣，——但是牠仍然不得不擴張及生長，而其擴張及生長又與滅亡相伴隨。在原始的社會狀態之下，貴德(Goethe)的詩句是確實可以適用的：「你不興起則衰亡，不戰勝則敗衂，不作鎚則作砧。」

國家的維持，與其發生是依照同一原則的。原始國家是戰鬥的刼掠的產物；也便只有依戰鬥的刼掠始可保持。

統治羣的經濟慾望沒有限制；富人之富，無論如何是不能夠滿足他的慾望的。

政治手段必轉移于尚未臣服的農民羣之上，又或發見了尚未掠取的新海市。原始國家的膨脹，直到牠「利益範圍」的邊境上與同樣成立的別個原始國家發生衝突爲止。至此，我們纔初次看見了狹義的眞正的戰爭，代替了從前的戰鬥的刼掠，因爲此後纔是同等的有組織有紀律的羣衆互相突擊。

戰爭的目的總是同一的，這便是勞動階級經濟手段的生產物，如鹵獲，貢賦，賦稅，及地租；但是這戰爭不復是剝削羣與被剝削羣的戰爭，卻是兩統治羣爲占有全體鹵獲物的戰爭。

衝突的最後結局，差不多在一切情形中都是一樣的，是兩原始國家融合成了一個較大的國家。此國家，自然的，且依同一原因的力量，又復超越自己的邊境，併呑較小的鄰國，並且自己或者亦爲較大的國家所併呑。

臣服的勞動羣對于這些爭雄的戰爭的最後結局，不是怎樣的關切；交納貢賦給這些或那些領主，是無所分別的。一個戰事經過中，他們的主要利益是給付他們的生命。所以，除非他們受了非常的虐待及剝削，下層階級便爲「國家意識」所支配，在戰時常以其全力助他們世襲的統治羣。因爲如果他們的統治羣一旦敗北，則臣民必因戰爭的蹂躪，感受最殘酷的痛苦。他們爲阻止異國統治者統治而戰之時，實在是爲妻與子，戶與竈而戰。

統治羣卻完全受這些爭統治的戰爭結局之連累。在極端的情形，他們會完全殲滅，例如佛蘭克帝國(the Frankish Empire)的德意志部落的地方貴族便是如此。如果因戰敗而降入農奴羣，則差不多一樣的不利，（如果不是更不利些）。有時，機會很好的和平條約保持他們的地位，做低一等的貴族羣：例如諾曼征服後的英格蘭的沙克遜貴族，或如從斯拉夫族奪來的德意志領域內的蘇潘族(the Suppans)。又有時，雙方的力量差不多相等，兩羣以平等的權利而融合爲一個統治羣，型成一個貴族階級，其分子相互聯婚。例如，在斯拉夫人領土內，孤立的溫德首長(Wendish chiefs)受德意志人平等待遇，又如中世的羅馬，亞爾勃山及吐斯干（Tuscany）的尊貴家族，便是如此的。

我們可以叫這種新國家爲「高級的原始封建國家」，在此新國家內，統治羣可以分化爲權力及權利較多或較少的各種社會層。組織的形式是有種種的差異的，其原因事實是顯著的；這便是統治羣常常分做兩個從屬的經濟及社會層：我們在游牧階段已經看見了：一個是巨大畜羣及多數奴隸的所有主，一個是平常的自由民。在新世界內，狩獵民所創造的國家中，社會身分的分化較不完全，這或許是由于牲畜的缺如，因此，這種所有權形態的附產物卽階級的原始的分裂，沒有導入于國家之內。隨後我們將說明舊世界內，統治羣內兩個社會層的身分及財產之差別，影響于國家政治經濟的發達者，其力爲如何。

同樣的，和統治羣的情形一樣，有一種相應的分化過程把「高級的原始封建國」的被治羣分裂爲若干層，其被侮蔑的程度及强制勞動的多少，各有不同。我們只須回想道利亞諸國（Doric States），雷西底門及克利特（Lacedaemon and Crete）以及德沙利亞(the Thessalians)的農民所居的社會及法律地位之極顯明的差別。在這些地方，培利奧伊克(Perioiki)有顯明的所有權及嚴加保護的政治權，反之則希羅特(Helots)——在德沙利亞則爲培列斯太(Perestai)——卻生命與財產殆毫無保障。在昔日的沙克遜族中，我也看見普通自由民與農奴之間有一個中間階級，叫做利梯(Liti)。(五十二)這種例是不勝枚舉的；其原因則爲前述貴族階級內促起分化的同一傾向。當兩個原始封建國家融合的時候，他們的社會層依種種的方法而相與疊積，在一定限度內，實可以與兩組紙牌混交在一起時所發生的種種結合相比擬。

這種政治力量所引起的機械的混合，對于身分(castes)的發達，有些影響，這是一定的。身分便是世襲的職業，又同時造成社會階級的世襲制。「身分常爲異族征服平定的結果。」(五十三)雖然問題是沒有完全解決的，但我們仍可以說身分的型成，受經濟及宗教條件很強的影響。身分的發生可以說是如下所述的：構成國家的種種力，透入了現存的經濟組織，職業起了變動以相適應，然後在宗教觀念的影響之下硬化起來，宗敎觀念也許有影響及于身分的原始搆成。這由下列的事實也可推求而得的：卽在男子與婦女之間也有職業的差別存在，而且其差別是一種答布（ta-boo），不可超逾。在一切狩獵族中，耕地是婦女的工作，反之在非洲畜牧族中，使用牛犂之後，農業便成了男子的工作，而婦女便從此不准使用家畜，否則瀆神。※

※同樣的，有些北亞洲狩獵部落中，禁止婦女觸動獵具或橫過獵道。——Ratzel I. Page 650.

大約宗敎觀念可以使一個職業成爲世襲，嗣後便成爲強制的世襲，尤其是一部落或一村莊從事于一個特定職業時是如此的。在自然狀態中的一切部落，若相互交通便利，（尤其是島民），便有這種情形。如果這種部落爲別個部落所征服，被治者在新國家內，當保有其世襲的職業而型成一個純粹的「身分。」他們的身分地位，半視其從前在自己民族中所受的敬仰，半視其職業對新興的主人所給的利益。如果征服的波瀾重重相繼而來襲（這是常有的事例），則身分的型成也便重重疊積，若在這期間，經濟的發達造成多數的職業階級，則尤其是複雜了。

這種發達，從冶鉄藝的事例，很容易看出來的，差不多在一切地方，冶鉄藝當居于特殊的地位，半爲人所畏，半爲人所蔑視。最顯著的是在非洲，從太古以來，便有熟練的冶鐵部落，爲游牧部落的從人及附庸。希克索氏（the Hyksos）率領此種部落侵入尼羅河地方，或許其決定的勝利便有賴于他們所製的兵器；直至近代，丁加族(the Dinka)還把冶鐵的鳩爾(the Djur)置于臣民的地位。這又可以適用于撒哈拉的游牧族。歐洲北部的諸族對于「矮人」諸族持有部落的反感，並畏懼他們的符咒權力。一個發達的國家內，已具備一切要素，以構成尖銳分化的身分了。（五十四）

宗教觀念的協動，如何影響到身分型成的開端，最好用波利里西亞(Polynesia)一個例來說明。在這兒，「雖許多士民有造船的技能，但只有一個特權階級可以施用這個手藝，依此技術而國家的利益與社會的利益相與密切結合。從前羣島的全部，現在只有非紀島(Fiji)．差不多獨占造船業的木匠，型成一個特殊階級，戴着「王的工匠」的尊貴稱號，亭有自戴首領的特權。……一切工作都遵照古代傳統而行；龍骨的安放，船體之完工，下水，一切在宗教儀節及祭宴中行之」。(五十五)

在迷信強盛發達的地方，純粹的身分制度容易發生，半基于經濟，半基于倫理的基礎。例如在波利里西亞，依答布的作用，而階級的分劃很類似于徹底的身分制度。(五十六)在南亞剌伯也有相似的結果。(五十七)古代埃及與現代印度分立的身分之起源及存續，宗教的作用之重要，又無須多說了。※

※但是，印度身分制度的嚴厲性，在實際上似乎沒有那樣嚴峻。行會制度每每打破身分的界限，身分也每每打破行會的界限。——Ratzel II, Page 596.

這些都是高級的原始封建國家的要素。這比低級原始國家的要素，方面較多，數量亦較多；但是兩者法律制度及政治經濟的分配，根本上是同一的。經濟手段的生產物仍然是爭的鬥爭的目的。這和從前一樣，仍然是國家對內政策的動機，同時政治手段也和從前一樣，仍然是國家對外攻守政策的動機。同一的階級理論繼續的替那上層及下層階級雙方，辯解他們對內對外種種鬥爭的目的和手段。

原始封建國家的領土愈加擴大，臣民愈加增多，人口愈加稠密，則政治經濟的分工愈加發達，此實引起新需要及滿足新需要的新手段：且依我所稱爲「以現存財富爲核心之蓄積法則」，則經濟的階級層及其結果之社會階級層的差別，亦愈加尖銳的對立。此繼長增高的分化，實決定原始封建國家前途的發達，尤決定其發達的結局。

此所謂結局並不是指這種國家物理的終局而言。我們不是指國家的死滅而言，高級的原始封建國家因與其他同等發達或更爲發達的力量較大的國家，相與戰爭的結果而死滅，例如印度的莫臥兒帝國(Mogul states)或烏甘達國與大不列顛帝國衝突而死滅。也不是指國家發達的停頓，例如波斯及土耳其的停頓狀態，這不過是發達之中的一時的休止，因爲此種國家，或因其自己的力量，或因受外國的征服，必然要再依其運命之途程而前進。更不消指龐大的中華帝國的固定性，此種狀態只能夠存續至外國列強尚未強開其神秘之門爲止。※

※如果篇幅有餘，本應把封建國家例外的發達，如中國者，加以詳細說明。中國值得我們較詳細的討論，因爲，在許多狀態上，牠距離「自由市民團體」的狀態，較歐洲各國尤近。中國比歐洲，其克復封建制度的種種結果，較爲澈底，在其發達之中，早已使土地上巨大的財產利益沒有害處，所以此種財產利益的混血兒——資本主義，難于發生；加之，牠又造成了共同生產與共同分配，達于相當的程度。（譯者按，中國自封建制度破壞後，爲官僚國家。其間封建制度的種種結果，到處存留且隨時復活。著者惟見外族的征服不能夠變更官僚統治爲完全的貴族統治，所以認爲與「自由市民團體」已相接近，蓋著者所謂「自由市民團體」不過是理想的官僚

國家而已。此可謂著者的誤見，讀者當慎加考慮。）

前所謂發達的結局是指原始封建國家繼續向前發達而言；這是一個重要之點，使我們更能夠了解世界史是一個發達過程。此繼續發達所由的主要路途有二，二者的性徵卻根本相異。但此二者的相反，是基于兩種經濟財的相反，此兩種經濟財係各依「以現存財富爲核心之蓄積法則」而各自增殖。其一是動產，其他是地產。此爲商業資本，彼爲土地財產。各蓄積于數量愈減的少數人的手中，因此激烈的變改了階級的結搆，依此乃變改了整個國家。

海國是動產發達的劇幕，陸國是土地財產發達的體現。前者的最後結果是奴隸制度的資本主義的剝削；後者的結果，第一便是發達的封建國家。

奴隸制度的資本主義剝削是地中海上所謂「古國」發達的典型的結果，此制並不因國家死滅而終止，國家的死滅是不要緊的，但若民族因人口萎瘁而死滅，則此種剝削也便終止。在國家發達的軀幹上，此不過是一個旁枝，此後更沒有直接的生長。

發達的封建國家卻是一條主要的枝材，是軀幹的延長；所以是國家此後生長的根原。原始國家由此以往便發達爲封建制度所支配的國家；爲專制主義，爲現代的立憲國家；如果我們的預斷不錯，則更將發達爲「自由市民團體」。

當幹路只向于一個方向而生長——由低級到高級原始封建國家——的時候，我們于其生長和發達的說明，可以包括兩種形式。今後，枝條已經兩歧，我們的敘述也便分歧，以追隨各枝而達于最後的一葉。

那末，我們先述海國，雖然這不是較古的形式。回溯到那歷史的曙光把前史時代的陰霾掃除的時候，最初型成的强國便是陸國，此後以其自己的力量，達于發達的封建國家的階段。但是過此階段以後，至少那些與歐洲文化最有關係的諸國，其大多數非停頓于此間，便墮入海國權力之下；此後，腐蝕于奴隸制度的資本主義剝削的致命毒螫，而馴至毀滅。

擴大的高級封建國家的前途的進步，只有在海國追尋其路程以後，才有可能：他們變爲强大的統治形式及國家構造，然後影響並促進那廢墟中生長出來的陸國的構造。

因此，海國的運命的史乘，必先叙述，因爲這是國家生活較高形式的導綫。既叙述旁枝以後，我們再回溯到最初出發點——原始封建國家，追隨軀幹以至于現代立憲國家的發達，然後作歷史的預測，描寫將來的「自由市民團體。」

第三篇　原始的封建國家

第四篇　海國

海上遊牧族所建國家，其生命的進程，其痛苦的前途，皆決定於商業資本；與陸國之決定於土地資本正同；我們更可以增加一句於此：現代立憲國家則決定於生產資本。但是海上遊牧族並沒有發明貿易或商業或互市或市場或都市；凡此種種早已存在，因為此可以供應他們的目的，所以此後便發達以適合他們的利益。這種經濟手段即等價物的交換的一切制度，在他們發見以前早已存在了。

在我們的研究中，我們初次在這兒看見經濟手段不做政治手段剝削的目的，卻做一個產生國家的協動原因，我們可以說牠在封建國家鑄造以取出那更精密的構造的「起重機」中一條「鉄鍊」。如果我們不先說明前史時代的商業及貨物交易，則海國的發生便不能夠徹底明瞭。並且，如果不說到獨立型成的半原始現物交換這種經濟手段，則現代國家的預斷便不算完全了。

第一章　前史時代的商業

現物交換之心理學的解釋，產生了限界效用說，可以說是個最大功績。依此說，任何經濟貨財的主觀評價與同一經濟主體所有的同種貨財的數量成反比例而遞減。若兩個經濟主體各有多數的同種貨財，則二人相遇時，必欣然交換，但多有政治手段爲之障礙，所以必須雙方同等的强悍及同樣的武裝，又如在太古時代，雙方同在親屬關係的神聖範圍以內。依現物的交換，雙方各以其主觀價值最小的財產換得主觀價值最大的財產，所以雙方在交易中都是得利者。原始人對於交換的希望必較强於文明人。因爲在此階段中，人並不估量自己貨財的價值，只欲得別人的物品，決不受經濟對價的計算之影響。

在別一方面，我們不應忘卻還有許多原始人不受現物交換的誘引。「苦克(Cook)告訴我們說波利里西亞的部落，與之交接是不可能的，因爲贈品對於他們絕對不生印象，隨後便拋棄了；無論提示以何物，他們決不關心，決沒有取得的欲望，反之則他們自己的物品卻決不肯捨離；事實上他們沒有商業或現物交換的觀念。」(五十八)所以衞斯脫馬克(Westermarck)的意見以爲「現物交換及商業是比較晚近的發明」。在此點上，他和培雪爾(Peschel)相反，培氏以爲人類在其發達的最古時代已行現物交換。衞氏以爲「說培利哥德(Perigord)穴居人在馴鹿時代已依交換方式，從大西洋獲得結晶石類及貝殼，從波蘭地方獲得羚羊角」，是沒有證據的。(五十九)

這些例外，可以作別樣的解釋，或者土民怕遭魔術，所以不行交換。因此我們可以說，原始民族史指示我們對商業及現物交換的希求是一個普遍的人類特徵。但是必須這些原始人遇見外國人時看見了新奇物品，商業及現物交換始可發見；因爲在他們血族範圍內，各人所有的都是同種的財產，且在自然的共產主義之下，各人所有的平均起來差不多是同一數量。

即使如此，一切有規則的商業之開端——現物交換，又必須異族人民之相遇是和平的相遇，纔可以發生。但是，與異族和平相遇是可能的嗎？原始人是不是終其生以爲——尤其是現物交換開始的時期，以爲異類的羣中每個人都是可畏如狼的敵人（Homo ho nini lupus）嗎？

商業發達以後，在原則上必受「政治手段」很强的影響。「商業通常有劫略相追隨」。（六十）但是最初的開端郤主要是經濟手段的結果，和平的非戰鬥的交接的結果。

原始狩獵民彼此間國際的關係，不應與狩獵民或游牧民與農民之間，或游牧族彼此之間的關係相混同。他們因掠奪婦女，或因狩獵區域受了侵擾，而引起血鬥，這是無疑的；但是此種血鬥並沒有那掠奪別人勞動生產物的欲望爲誘因，這種誘因只是貪慾的結果。所以，原始狩獵族的「戰鬥」不是眞正的「戰鬥」，不過是鬥毆或格鬥，與德意志學生間的決鬥一樣，屢屢遵照確定的禮節而實行，延長到無力作戰時爲止，又可說是「至紅水既流時爲止」。（六十一）人口稀疏的部落很聰明的限制流血，以必要者爲度，——例如在血鬥時，——藉以避免血鬥的再起。

因爲這個理由，狩獵族及農民與其同等經濟階段的鄰族之間的和平關係，比遊牧族間的强固些，其受政治手段的誘引，又比遊牧族淡薄些。狩獵民或農民和平集會以共同剝削自然的資源，其例極多。「雖尙在文化的原始階段，大量的羣衆時時在可以發見有用物品的地方，集合在一起。美洲大多數地方的印第安人常週期旅行到產燧石的地方；另外的人則每年收穫期集合於西北諸湖的西沙尼亞（Zizania）沼澤地。散居於巴吉（Barku）區域的澳大利亞人從四方來集於產穀地馬西利亞西（Marsiliacae）以舉行收穫節宴」。（六十二）「瓊斯蘭（Queensland）的邦加邦加樹（bonga-bonga trees）結了過剩的果實，而有超過該部落所能消費的較大的積蓄，則異族部落得分享之」。（六十三）「多數的部落在一段確定的地域上共有共同所有權，並對於造斧所用岩塊的採石坑，也共有共同所有權」。（六十四）多數澳大利亞部落有共同評議會及裁判廷，以老人任之。在此種集會中，老人以外的人口悉爲傍聽者，

此習慣與德意志氏族法廷的“Umstand”相同。（六十五）

這樣的集會產生了物交換，是自然的。或許這可以解釋「中非洲黑人於特殊的和平的保護之下，在原始林中所舉行的星期市場」之起源；（六十六）楚克溪（the Tschuktsche）極北的獸皮獵取者的大市場，相傳是極古的制度，也是一樣的。

這一切都促進那相鄰諸羣之間和平交接形式的發達。這種形式差不多到處都可以發見。在此時期，這種形式極易發達，因爲還沒有發明人類也可以用作勞動機。在此階段中，只有在可疑的時候始把生人當做敵人。如果他顯然以和平的意思而來，即便以朋友待之。所以，整個的公法禮與發達出來了，其用意在推證新來者的和平意思。* 他放下他的武器，舉示他的空手，或者他命使者先行，使者是永遠不可侵犯的。

* 關於此例的還有那現在仍有些地方通行的祝語：「和平與汝共」！托爾斯泰晚年的偏見，使他錯認了這以戰爭爲常態的時代的特徵，當做了和平的黃

金時代的遺物。The Importance of Russian Revoluti n. (A. Hess 德譯本第十七頁)

很明白的，這些形式是代表一種賓禮的要求，在事實上是因有這個賓客權，而後和平貿易始有可能。贄的交換存在於現物交換之先，前者顯然引起了後者。所以，考察賓禮的來源，是重要的工作了。

衞斯脫馬克在其不刊的名著道德觀念的起源及發達（一九〇七年）中，(六十八)以爲賓禮的習慣是從兩個原因而來的：對於遠來生客的消息之好奇心，及恐怕生客賦有符咒的權力之恐怖心——恰因其爲生人，便有這種恐怖。*在聖經中，以爲不知生人是否天使，所以當厚待以賓禮。迷信的種族畏懼生人的咒術（有如希臘的Erinys），所以趕緊相款待。既以賓客相接待，則他便不可侵犯而享有血族同樣的神聖權利，且在其停留期內認爲族中之一分子。所以他對於支配該族的半原始共產主義的利益，可以分沾，並分享族中的財產。和平的交接漸次加多，則贄物的互換，便發達爲商業行爲；因爲商人喜歡回到那優待他，且行有利的交換，又有賓客待遇法的保護的地點，而不願再尋那常生危害且更須初次取得款待權的新地點。

古代有用老婦作使者的習慣。老婦適合於此目的，因爲兩個原因，第一，她們不適於戰爭，第二，人們常信老婦有符咒的權力（衞斯脫馬克），老男子也常受愼重的待遇，而老婦尤勝於老男，因爲她們或卽刻變爲「神鬼」。

「國際」分工自然是在正式商業關係的發達開始以前。此種分工，遠較通常所信者爲更古。「若以爲分工只在經濟發達較高階級始可發生，這是錯誤的。非洲村落的內部有冶鐵匠，但只能鍛鑄投射所用的小刀；新幾內亞有燒製陶器的村落，北美洲有箭鏃製造村」。（六十九）依職業的專攻，始發達了商業，或由行商爲之，或依賓客的贄見，或依部落與部落間的和平贈禮。在北美洲，加度人(the Kaidu)爲弓的商賈。奧博斯印第安人（Obsidian）到處賣箭鏃與小刀，或往黃石，(the Yellow

Stone)，或往蛇河，(the Snake River)，或往新墨西哥，尤以墨西哥爲多。由是貴重的物件便分配於全域，遠至於將達二千哩的地方如奧海奧及特內西。(Ohio and Tennesse)。」(七十)

依威爾康特 (Vierkandt) 則：「依原始人純家內製造的生產物，而有與現代狀況完全不同的商業制度。……每個部落各發達其特殊的傾向，以爲互相交換之地。即在比較不開化的南美印第安諸部落，也有這樣的分化。……依此種商業制度，各部落的生產物遂分布於遼遠非常的各地，不是直接販賣於職業的商人，而是一部落一部落轉相傳遞。此種商業制度的起源，如比烏恰爾(Buecher)之所說，應溯諸賓客贄物的交換」。(七十一)

除賓客贄物交換以外，敵人雙方在戰後交換和平贈品，以爲構和的表示，也可以發生商業。沙道里烏斯 (Sartorius) 關於波利里西亞的報告說：「異島之間的戰爭以後，各羣的和平贈禮必是新奇之物；如果贈禮及回贈能使雙方歡悅，則將重複行之，因此遂開生產物交換之端。但這與贄物交換相反，是繼續交易的基礎。在這兒，相與交接者乃部落或民族而非個人。交換的第一種物品是婦女；她們是異族間相聯的鎖鍊，且依多方面所得的證據，則婦女又或與牲畜相交易」。（七十二）

於此我們乃發見了一種物品，即令沒有「國際的分工」，也可以互相交換。似乎這婦女的交換實開闢商品貿易的路途，似乎這種交換是到達多數部落和平的完整化的第一步，此種過程又與國家型成的戰鬥的完整化相伴隨。但是李勃爾特却相信火的和平交換又在這種交換之先。（七十三）即令承認火的交換的習慣是極古的，他卻只能夠從禮典及法律的發端中，溯其起源；因為證據不大的確，所以我們在此處不再探求這個問題了。

反之，則婦女的交換則到處可以發見。這對於鄰近部落間和平交接的發達，及商品交換的準備，有非常重要的影響，是無疑的。沙賓婦人（the Sabine woman）的故事，說她們在她們的兄弟輩與丈夫輩將要作戰的時候，投身於兩陣之間，這個故事，對於人類發達的路程中千百個事例，是有眞實性的。在全世界上，近親結婚皆認爲禁例，認爲「近親相姦」，其理由不在本書所欲述之範圍以內。但是此實指出了對於鄰居部落的婦女之性的要求，因此使婦女的鹵獲成了最初的部落間關係之一部；差不多一切地方，除非有人種的强烈感情爲之障礙，則婦女的强暴的掠奪必逐漸化爲交換或買賣，此種習慣是因爲男子對於同血統婦女的欲求，比較的沒有對於他部落取來的婦女那樣强烈。

在分工促進貨物交換的地方，各部落間的種種關係此後必有所變遷以求適應於交換制度；外婚的諸羣漸漸的慣於在和平的基礎上相互會見了。和平原來只保護那有血族關係的一羣，從此以後卻擴張到較大的範圍了。從無數的事例中，且引一例以明之：「兩加麥倫（Camerun）部落，各有其自己的「藪邦」，即自己族人交易的處所，並且是他們依互婚而相結爲親屬之處所。在這兒，外婚制表示其聯結兩部落的力量」。（七十五）

以上是和平的現物交換與商業生長的主要途徑：從賓客款待權及婦女的交換，（也許從火的交換）到商品的貿易。還有加于此者，市場與互市甚至於商人，差不多到處都認爲是在保持和平且懲罰侵犯和平的神保護之下的。我們已經把這個最重要的社會學的要素的根本諸點弄清楚了，過此以往，則政治手段便衍侵入，對於經濟手段，加以破壞及改造，然後發達之，且影響於其創造物。

第二章　商業與原始國家

刧掠的戰士爲什麼不以暴力干涉其征服領域內所發見的市場和互市，這有兩個極重要的理由。

其一爲非經濟的理由，即破壞和平必遭神譴的迷信的恐怖。第二爲經濟的理由，尤較第一爲重要，即征服者沒有市場便無以爲生，——我想我是最初指出這個因果關係的，從來卻無人道破。

原始戰勝者的鹵獲物包含他們所不能直接使用及消費之財貨甚多。當時有價物品的形式是很少的，而很少的形式又各有很大的數量存在。所以每一種形式的物品，其「限界效用」極低。尤其是依政治手段所取得的最重要物品——奴隸，是如此的。請先說明游牧民的情形：他對于奴隸的需要是依畜羣的數量而限制的；他當然願把剩餘的奴隸去換取主觀價值較大的物品！如食鹽，裝飾，武器，金屬，織物，工具等等。因此，游牧民不僅永遠是一個强盜，並且還是一個商賈，且保護商業。

游行所至，他保護着商業以便把他的鹵獲物交換別個文化的生產物，——從太古以來，游牧族常保護那經過他們的草原或沙漠的隊商（Caravans）而收取保護金爲對價，——並且他對於前史時代所征服的地方的商業，也加以保護。就是那使游牧民由熊的階段變遷到養蜂家階段的同一原因，必然更影響於他們使他們維持並保護古代市場及互市。在這個情形之下，一次的鹵掠，恰有似乎殺掉那產生金卵的牝鷄。保存市場之擴大固有的和平，較爲有利，因爲不獨有把鹵獲物交換異族貨品的利益，並且可以徵收保護金卽君主的租稅。因此，各級發達階段中的封建國家的王侯對於市場，通衢，及商人，莫不施特別的保護，——「王之和平」，但常常保留國外貿易的專利權於自己的手中。到處可以看見他忙碌於許與保護及特典，以促進新市場新都市的建設。

由互市及市場所生的利益，使我們澈底相信：游牧部落對於其勢力範圍內既存的市場所在地，尊敬非常，乃至於完全停止政治手段的實施，甚至於不加「統治」於其地。希羅多託斯(Herodotus)所驚訝的是在那無秩序的斯奚底亞(Scythian)游牧族的中間，阿幾披亞人(the Orgippeans)竟有一個神聖的市場，而市場所在地的神聖和平竟能夠有效保護那徒手的居民，但是這個記錄是可信的。還有許多現象使這個事實益加可信。「沒有人敢傷害他們，因爲相信他們是神聖的；但他們是徒手不持武器的；而排解鄰人的爭執的便是他們，託庇於他們之下的逋逃客，無論何人不敢觸犯。」(七六)到處可以發見同樣的事例：「在亞拉伯地方類似培多因(Beonin-like)的遊牧人口的中間，有與那亞幾披亞人同樣的故事，「神聖」，「徒手」，「公正」的交易，及息爭避鬥的小部落的故事」。（七、七）西爾(Caere)可以做高級形式的一例。斯特拉波說此處的住民，以爲：「希臘人讚許他們的勇敢與公正，因爲他們雖孔武有力，而決不從事刼掠」。引這一段話的孟孫氏更加上了幾句話，說：「這並不是說他們不做海賊，西爾商人以及別的商人都做海賊，不過西爾是稱自由港，爲菲尼西人與希臘人所會集」。（七十八）

西爾與亞幾披亞人的互市不同，不是陸上遊牧族區域內部的市場所在地，卻是在海上遊牧民領域中間而自保其和平的海港。這是典型的搆造之一種，依我的評價，其重要性卻爲一般所忽視而沒有指出其眞價值。我以爲這種搆造對於海國的發生，實有強大的影響。

以上所述陸上游牧民所以要保存（如果不是創設）市場所在地的理由，必然以較強的程度，強迫海上游牧民使出於同樣的行爲。因爲鹵獲物尤其是畜羣與奴隷的運輸，要走那經過沙漠或草原的路是困難而且危險的：行程太慢，易遭追襲。但若用戰船或「龍舟」，則運輸容易而且安全。因此，海寇較之游牧民更多兼為商賈。有如浮士德所說：

「戰爭商業與海賊

此三而一難分拆」。

"Kreig, Handel and Piraterie,

Dreienir sind sie,

Nicht zu treunen,"

第三章　海國的發生

我相信海賊鹵獲物的貿易，在多數情形之下，是商業都市的起源，以此為政治中心，而古代文明或地中海文明的都市國家生長起來；同時在其他極多的情形之下，這種貿易協同促進牠們的政治發達，以臻於同一階段。

這些海港市場是從兩個形式發達起來的：或者由于直接且故意設在敵人領域內的海賊城堡；或者由於「商人殖民地」，依條約上的權利而設立於異族的原始或發達的封建國家以內。

關於第一個形式，我們從古史上得到許多的重要例證，其階段恰與我們所說的第四階段相應。在這種事例之中，海賊的武裝殖民地乃設置於外國海岸的商業和戰略上鞏固的地點。最重要的例子是加答哥（Charthage），希臘的海上遊牧民，伊奧尼亞人（Inioans），道利亞人（Dorians），及亞溪亞人（Acheans），也同樣的設定其堡壘於南意大利的亞德利亞及梯利里亞（Adriatic and Tyrrhenian）海岸。菲尼西人，伊特拉斯加人（Etruscans），希臘人，依現代的考察，還有加利亞人（Carians），滿遍地中海的四周，依同樣的形式，建設海國，而其中階級分為統治者與鄰域的奴隸農民之二者。（七十九）

究竟伊特拉斯加人是經由陸地而來到意大利的移民，在陸上戰爭勝利以後始做海賊，抑或早就是海賊，在他們賦與以伊特拉斯加族名的海岸地上早已定居，這是沒有斷定的。

此種海岸上的國家有些發達爲陸國形式的封建國家；其中統治階級變成土地貴族。這種變遷的原因是：第一，地理的條件——沒有好海港，而有廣大的後方地（hinterland）爲和平的農民所耕種；第二個很可信的條件是從他們發祥地傳來的階級組織。在許多事例中，他們是內戰敗北的逃亡貴族，或者是支庶公子，有時是全體同輩分的男女青年，出發「爲海寇」，但因他們在故國時是小領主，有土地並有農奴，所以他們更重新在外國土地尋求他們所認爲應得的事物。安格羅沙克遜人之占領英格蘭，諾曼人之占領南意大利，都是這種形式的例子；同樣的還有墨西哥及南美洲上西班牙與葡萄牙殖民地。南意大利的亞溪亞殖民地（Achaean colonies）之大希臘（Greater Greece）是海上遊牧民所發達而成的封建國家的又一個極重要的例予：「這亞溪亞都市聯盟是眞正的殖民地。這些都市沒有海港，——只有克羅屯(Croton)有一片艤船場，——並且沒有他們所自有的商業；西巴利特人(the Sybarite) 可以引他們故國橋頭的水上都市生涯以自豪，但是買與賣卻自依米勒西亞人(Milesians)及伊特拉斯加人行之。反之，則此處的希臘人不獨管理着海岸的邊地，並且諸海亦皆歸統治；……土着農民則被迫爲附從者或農奴，耕種主人的農場或繳納貢賦」。(八十)我們可以說克利特(Crete)的這利亞殖民地都是同樣組織的。

但在世界史的進路上，這一類的「陸國」，無論其發生怎樣頻繁，其地位之重要卻不及那些專注其主力以從事商業及海賊的海上都市。孟孫把亞溪亞土地貴族與南意大利希臘殖民地的「貴族商人」，以明確且精鍊的語句，兩相比較，說：「他們決不輕視農業或領土的擴大；希臘人決不——至少在他們已臻强大之後，決不像菲尼西人那樣，株守那野蠻人地域中間的武裝守衛的一片商業工廠地而自以爲滿足。他們的都市從始便專爲商業的目的而建設，且與亞溪亞殖民地不同，到處都位置於最好的海港及登岸的地方」。（八十二）我們可以斷定伊奧里殖民地，且推定其他各地，其都市建設者不是土地貴族而是海上商人。

但是這種嚴格意義的海上國家或都市，不僅是依戰鬥的征服而成立，亦有依平和方法，依混合的「和平內因」而成立。

若海寇沒有過着和平的農民，而過着了好戰的原始階段的封建國家，則他們提出並接收講和的條件而居留爲商人殖民地。

我們在世界上到處看見有這種事例。試舉德意志人最熟知的幾個例：德意志海及波羅的海沿岸各國有北德意志商人的居留地，在倫敦有德意志人的古工廠，（Steel yard），在瑞典，諾威，雪倫島（the Island of Schonen），及俄羅斯的諾夫哥諾德（Novgorod），有漢沙人（the Hansa）。在這個宛大利國都城維爾納，有這樣的殖民地；威尼斯的 Fondaco dei Tedeschi 是同樣組織的又一例。所有這些事例之中，居留的人差不多都是密集的羣居，各在他們自己的法律及管轄之下。他們每每有很大的政治勢力，有時且趨向于全國的統治。我們可以說拉側爾下列關于印度洋沿岸和各島的紀錄，祇可以當做關于紀元前一千年菲尼西人或希臘人侵入地中海的紀錄：「全民族皆流于商業，尤其是蘇門答臘的聰敏，勤勉，足跡無所不至的馬來人；西利布斯(Celebes)奸詐的布紀人(Bugi)也是一樣的。從新加坡到新幾內亞，到處可以看見他們。近來，尤其是在博爾里奧(Borneo)，他們應博里奧酋長之招，一羣羣的移民到此島。他們的勢力很强，他們有權依他們自己的法律管理自己，他們種族的自覺很强，他們屢屢企圖獨立。亞起納人(the Achinese)從前有同樣的地位。從蘇門答臘來的馬來人把馬拉加(Malacca)變做了主要的市場；此城衰落以後，亞紀因(Archin)成了遠東最繁盛的海港，尤其是十七世紀最初的二十五年此地發達的囘轉期」。(八十二)在許多事例之中，下列一個指示了此種居留形式的普遍性：「在庫倫，商人集居于特定的一條中國街，他們對於此城有政治上的統治力」。(八十三)在猶太人國家之內，有「外國商人與手工業者的小殖民地，于都市中分居於特定的區域。在此處，他們在國王的保護之下，得依其自有的宗教習慣而生活」。(八十四)我們也可把列王紀略二十章三四節與此相比較：「伊佛拉姆王與姆利迫於其敵大馬斯可王之兵力，准許亞拉買商人使用沙馬亞(Samaria)城特定的區域，他們在王的保護之下，得在此經商。後來他的嗣王亞哈布戰勝了，亞哈布王要求大馬斯可國內伊佛拉姆商人享有同樣的特權」。(八十五)「意大利的住民無論在什麼地方總是結集為堅固有組織的羣居，士兵則成連隊，一切大都市中的商人則為社團；而住居在各省區的羅馬市民均組織為「羅馬市民會」，自有其共同的政府」。(八十六)我們又回想到中世的格托人(Ghettos)，他們在中世猶太人殺害以前，也是同樣的商人殖民地。現在的歐洲人在强大的外國的商埠中有許多居留地，都是同樣的社團組織，自有其憲法及(領事)裁判權。中國，及摩洛哥還繼續這種弱劣的符號，反之則日本已經能夠從這種束縛解放出來。

關於這些殖民地，最有興味的一點是牠們通常趨向於擴大勢力到所在國全國領土上面去。這是有原因的。因爲商人有大量的流動財富，這可以用作封建國家所苦的政治糾紛的决定條件，無論是兩鄰國的國際戰爭，或是國內戰爭，如王位繼承的戰爭之類。還有一個原因是殖民的商人有時依靠其本國的權力，他們要求本國作後援的基礎或是民族的聯繫，或是非常强大的商業利益；此外則有時他們自有武裝的水手集團和多數的奴隸，因此他們自己有强幹的鞏固的武力，在小範圍內可以大有所爲。

下列亞拉伯商人在東非洲所做的事業的記錄，似乎把從來沒有充分理解的一個歷史形態指示明白了：「當斯不克在一八五七年作歐洲人第一次旅行的時候，亞拉伯人多爲商人而居留於異國。到他在一八六一年經過這條路時，亞拉伯人已成了大地主，有富裕的土地，且與土著統治者作戰。此種過程，在非洲內部許多別的地方也屢屢發生，確是勢力均衡的必然的結果。外國商人，不論是亞拉伯人或是蘇亞海利人（Suaheli），常要求通行的特權而繳納貢賦；他們建築貨棧，這是酋長們所贊許的，因爲這既可以滿足他們的虛榮，又可以擴大他們的聯絡；嗣後招酋長們的懷疑，壓迫，及殺戮，商人便不繳納那隨他們財富而增加的關稅及租稅。最後，在一個爭奪王位繼承的戰爭中，亞拉伯人便幫助爭繼者之一方，只要他柔順他們，因此開國內戰爭的端，並參加那沒有底止的「戰爭」。(八十七)

這種外籍商人(Metoicoi)的政治活動，是屢經反覆實行的一種形態。「在博里奧(Borneo)，從中國採金者居留地發達爲獨立國家」。(八十八)正確的說，歐洲人的殖民史是同一法則下的事例的記錄；法則無他，便是外國人的商館及較大居留地容易生長爲統治領域，(除非還是單純海賊行爲的原始形式)，如西班牙與葡萄牙的征服地，英吉利及荷蘭的東印度公司。荷蘭人莫爾塔突利(Multatuli)罵他的祖國說：「萊茵與雪爾特(the Rhine and the Schellt)之間，有一個强盜國家在海濱」。歐洲民族在東亞洲，美洲，及非洲的一切殖民地，都是由這兩形式之一而起源的。

但是外國人不一定總是取得無條件的勢力的。有時東道主人國太强了，外來的人在政治上仍然無力，不過是被保護的人民；例如在英格蘭的德意志人。有時東道國雖被征服了，乃轉弱爲强，推翻了外國的統治；例爲瑞典驅逐那强施主權於他們之上的漢沙人（Hanseats）。有時候另一個征服者把外商和東道國一併克服；例如俄羅斯人併吞諾夫哥羅德（Novgorod）及勃斯可夫（Pskov）兩共和國。但又有許多事例，富裕的外國人與土著貴族混合爲一個統治羣，與陸國型成的形式一樣，如果在兩個勢力相等的統治羣鬥爭的時候，兩者便相混合爲一個統治羣了。我以爲古代最重要的都市國家的發生，如希臘的海上都市，如羅馬，最可信的推定，是依於這兒所述的最後一個形式。

依苦爾卡伯來西格（Kurt Breysig）之所說，於希臘史我們僅知道「中世」，於羅馬史我們僅知道「近世」。至于以前的史實，我們要從臆想的類推來下斷制，必須極端慎重。但是我覺得有許多已經證明的事實，足資認定下列的結論：這便是雅典，哥林多(Corinth)，米西尼(Mycenee)，羅馬等皆依前述的方法而成爲國家。即令一切已知的民族學與通史的材料尚沒有證明此結論的普遍妥當性，我們也可以這樣斷定的。

從地方的名稱（沙拉米斯 Salamis——和平之島，與市場之島同義），從英雄的姓名，從遺傳的紀錄，從直接的傳說，我們可確知許多希臘海港內曾有菲尼西商館存在，而其後方地(hinterland)曾有小封建國家占領，其中有貴族，普通自由民及奴隸之典型的社會結構。都市國家的發達受外來影響的有力的促進，這是、能嚴加辯駁的；這是實在的，雖然不能夠提出特定的證據以證明菲尼西人或是更爲强盛的加利亞商人曾經准許與土着貴族通婚，遂變做完全的市民，而最後或竟成貴族。

同一法則可適用於羅馬，關於羅馬，愼密的作家孟森說道：「羅馬所以重要（如果不是所由起源）是因有這些商業及戰略的關係。其證據可從許多遺迹中發見，其價值遠較那認爲可信的歷史傳說爲大。試舉羅馬與西爾(Caere)之間最古的關係爲例；西爾之於伊特拉利亞，與羅馬之於拉丁姆(Latium)正復相同，此後遂爲其最近鄰都及商業友埠；又如梯伯爾河(Tiber)上橋梁的重視，及羅馬國內到處對架橋(Pontifex Maximus)的重視，又如戴有市徽的平底船，都是例證。依此可以考證原始羅馬的港稅，從古代起，只有以販賣爲目的之貨物(promereale)始納此稅，其由奧斯梯亞(Ostia)港進口的貨物專供運輸入(usnarium)自用者則不納稅，所以這是商業的一種賦課。因此我們發見了鑄錢在遠古已經使用，又發見了海外諸國與羅馬的商事條約。在此意義上，羅馬有如其起源的傳說所言，是一個創立成功的都市而不是一個發達成功的都市，而在拉丁諸都市中，是一個最晚的而不是最古的。

要考察這些事實存在的可能性(甯可說是確實性)，直需畢生的歷史探討工夫，然後可以敘述這些主要都市國家的成立史，而由此抽出最必要的結論。我覺得在這一條路徑上，必可以發見許多不明瞭的問題的材料，例如羅馬之伊特拉斯加統治，又如勃勒比亞（賤族）的富室的起源，又如雅典的外籍商人(metoikoi)，以及其他問題。

在這兒，我們只能夠追尋那可望把我們從歷史傳說的迷宮引導出來的一條路線。

第四章　海國的本質及其結果

“這些國家，無論起源於海賊的城堡，或起源於原始陸上游牧民的海港中商人殖民地，或對於東道國取得統治，或與東道國統治羣相混合，都是眞正的社會學意義的國家。因爲牠們正是政治手段的組織，牠們的形式是統治形式，牠們的內容是統治羣對被治者經濟的剝削。

從原理上說，這些國家與陸上游牧民所建立的國家是沒有分別的；但這些國家卻因內部和外部兩方面的理由而仍取不同的形式，且表示一種不同的階級心理。

我們不應當相信這些國家中的階級感情與陸國中的全然不同。這兒與那兒一樣，統治羣一樣的蔑視被治羣，蔑視所謂“Rantuses”（勞動賤民），蔑視所謂「

綠爪中的人」，恰如中世的德意志貴族蔑視他們不通婚媾及社會交際的人們，即令他們是自由民的血統，也一樣的蔑視。χαλοὶ χἀγαθοί（貴胄）與 Patricians（名門子孫）的階級理論與土地貴族的階級理論相差是很少的。但有別的環境卻造成了異點，自然與他們階級利益有關。在商人統治的任何地域內，剪徑的强盜是不能任其存在的，所以他們認定這種行爲是卑劣的犯罪，例如海上希臘人便是如此。陸國決沒有忒西脩(Theseus)的故事以非難剪徑盜。反之則「在遠古時代，他們認定海盜並不是不名譽的職業……霍馬詩中有很多的證據；並且在較晚的時代，坡利克拉佛（Polecrates）曾組織發達完成的盜國於沙摩島(Island of Samos)」。「在大法典（Corpus juris）中，說到梭倫(Solon)的法律曾承認海賊社團 ἐπὶ λείαν οἰχόμενοι 爲許可設立的公司」。（九十）

上述細節的說明，爲的是闡明「觀念上層構造」的生長。此外則海國存在的基礎條件產生了兩個非常重要的現象，在世界史上很重要的，這便是（一）民主憲法的生長，由此乃有東方蘇爾丹主義與西方市民自由主義的偉大鬥爭，（孟孫以爲此鬥爭是世界史眞實的內容）；（二）資本主義的奴隸勞動，其結果促進一切海國的滅亡。

請先研究陸國與海國這種相反現象的內心的或社會心理學的原因。

國家發生的原則也便是國家存續的原則。「土地與人民」(Land und Leute)的征服是陸國的存在理由（ratio essendi）；依土地與人民的反覆征服而陸國便能生長，以至於其自然生長爲山脈，沙漠，或海洋所阻礙，或其社會學的生長因與其方所不能征服的同種類國家相接觸而終止。反之則海國起源於海盜與商業；依這兩個手段以擴大其權力。爲達此目的，本無須有擴大的領域絕對服屬於其主權之下。其發達沒有超越到第五個階段以後之必要。除了被迫不得已而外，海國很少有超越第五個階段而完成其內部民族性與融合過程的。通常只要能抵個別的海上游牧民與商人，只要能保障海賊及商業的獨占，只要能以城堡及守砦鎮服臣民，也就夠了。重要的生產區是當然要確實「統治」的；尤其是礦山，幾處肥饒產穀地帶，出產良材的森林，製鹽地，及重要漁撈區。所以這種處所的統治是迫使臣民為統治階級工作於其上的永久性的行政。直至後來，始有「土地與農奴」的嗜欲，及統治階級超越國家狹隘的原有限界之範圍以外的廣大領域。此種情形發生於海國依征服領土的合併而變成了陸國海國的混合形式以後。卽令在這種情形，也與陸國相反，大土地財產不過是現金地租的來源，並且土地的管理差不多一律是「不在者財產」的方式。加答哥（Carthage）及後期羅馬帝國都可以發見這種情形。

海國與其他各國相同，統治階級為自身利益而治理，但海國統治階級利益與陸國的不同。在後者，封建土地領主之所以有權力是因為有土地與人民的所有權；反之海上都市的貴族之所以有權力是因為有財富。土地領主只依他所養武士的數量以統治他的「國家」，為了要武士多多益善，所以他必須增加領土，多多益善。反之則都市貴族只依他的流動財富以統治他的「國家」，有了財富始能夠雇用強悍的武力或賄買道德薄弱的敵人；此種財富之獲得，海盜與商業比陸上戰爭及遠方地產的占有迅速得多。再者，爲了要完全使用這種地產，勢必離開他的都市，居留於其上，變做土地貴族；因爲在貨幣尙未能通行，都市與農村的分工尙未發生的時期，大地產的剝削，只有依實際消費其生產物的方法來實行，而以不在者所有權爲收入來源的方法還意想不到。但這兒所說的，尙沒有說到較高階段的發達。我們所研究的還是原始的狀況。在此時期，沒有一個都市貴族會到離開他的活動繁榮的故里，去到那野蠻人中忙碌的，所以，在他的國家裏面一刀兩斷的與政治手段絕緣。他一切經濟的，社會的，及政治的利益，一貫的強迫他趨向於海上經營。他的生活的骨幹不是土地資本，乃是流動資本。

這都是海上都市統治階級行動的發動原因；即令地理的條件容許他們膨脹到都市附近後方地以外，他們寧可致全力於海上霸權，而淡視陸上的發展。即使地大如加答哥國，其龐大領土遠不及海上利權之重要。最初牠之所以征服西西里 (Sicily)

及可西加（Corsica），爲的是制止希臘及伊特拉斯加商人的競爭，而不是要領有這些島地；牠之所以擴大領土以迫近利比亞人（the Lybians），大半是爲保障其他領域的安全；最後牠之所以征服西班牙，根本理由是要占領礦山。漢沙（Hansa）的歷史與上述有許多相似之點。而且這些海上都市中大多數本沒有征服較大領土的能力。即令有征服的意志，又有外部的地理的條件爲障礙。沿地中海周圍各處，除了幾個地方以外，濱海平原都極爲狹隘，不過是小小的地帶遮斷於高嶺的藩籬。還有一個原因，妨礙那些以商埠爲中心的國家使不能夠發展到我們相信牠可以發展的寬度；如果是游牧民所統治的陸國，早已成立了龐大的帝國了。這第二個使這些國家止於狹小領域的原因是什麼？這便是因爲地中海沿岸的後方地，無論是山嶺或平原，大抵爲好戰部落所占有。這些部落，或是狩獵民，或是好戰的游牧民，或是與海上游牧民同類的統治種族的原始封建國家，若不經嚴重的鬥爭，便不易於征服。例如希臘的內部便沒有爲海國所征服。

因爲這些理由，所以海國卽令非常發達，仍然集中於其商業海港，反之則陸國從始便强烈的分權，經過長久時期，仍隨其膨脹而繼續增進其分權傾向。如後所述，我們可以看出自採用了「都市國家」所發達的政治形式及經濟組織以後，國家便有了反抗離心力的權力，能夠建立現代國家的特徵的中央組織。這便是兩種國家的形式第一個相反之點。

〉第二個相反之點，其重要也不讓於第一點。這便是陸國停滯於自然經濟，而海國則迅速轉向於貨幣經濟。這個相反之點也是從牠們存在的基礎條件生長出來的。一個國家若生存於自然經濟之中，則貨幣是無用的長物，——卽令有發達到使用貨幣的經濟，也會逆轉到自然經濟，而社會也立卽回轉到原始形態。例如，查理梅因大帝鑄造良幣以後，經濟的狀況把良幣驅逐出去了，洛斯地利亞（Neustria）——奥斯特地西亞（Austrasia）更不用提了——在民族移動之下，回轉到現物經濟。不用貨幣做價值的尺度，是無妨的，因爲本沒有發達的商業及交易。領主的農奴繳納貢賦所用的物品，便是領主與其從者直接消費的物品；至領主的裝飾品，精細物品，貴重兵器，稀有良馬．如是等物皆是用戰鬥的自然經濟的生產物，如奴隸，蜜臘，皮革等物，以現物交換的方式從行商換得的。

在都市生活中，如果發達到進步的階段，則沒有價值的公共尺度是不能夠存在的。都市的自由手工業者，除了極少的情形以外，決不能靠到別個手工業者恰好需要他所造的特殊物品，以充其直接消費。在都市中，即令販賣每個人都必須購買的食物的零賣商人，也不能免於貨幣的使用。即令是最狹義的商業，——不是商人與商人間而是商人與消費者間的交換，沒有公共的價值尺度也不能夠進行。試假想有一個商人載了一船奴隸到一個商埠，想得到布匹回頭，找着了一個布商，但此時他不要奴隸而要鋼鐵，牲畜，和皮革。要完成這個交換，至少非有十幾次中間交易便不能達到目的。如果有了他們所共要的一種商品，便可以免去這些麻煩了。在現物經濟的陸國中，此種商品便是牲畜或馬匹，因為在某時期內，這是人人要用的；但是船主卻不能運載馬匹這種支付品，所以金銀便成爲「貨幣」了。

依中央集權，又依貨幣的使用，都市國家的運命便決定了，而此二者乃是牠必要的質素。

都市人的心理，尤其是海上商業都市住民的心理，與鄉村人的根本懸殊。他的觀點較爲自由，較爲豐富，不過是較爲輕浮；他又較爲活潑，因爲一日裏刺激他的印象較農民一年間的還要多。他慣於頻繁的變化與革新，所以他常常總是novarum rerum cupidus。他對于自然，比農民較爲隔絕，並較少倚賴，所以他不大畏懼「鬼神」。其結果之一是都市國家的賤民對於第一及第二身分的統治者所施的「答布」的命令，較少虔奉。他被迫與同級臣民生活於密集羣衆之中，所以他早就發見了羣衆的力量，因此比起那離羣索居而爲生活的農民較富於反抗及叛亂的性質，因爲農民對于所屬羣衆沒有意識，始終以爲他的主人與從者在每個鬥爭中必占上風。

只是這一個原因已促進了封建國家所創造的嚴厲的隸屬階級制度的瓦解。在希體，只有陸國纔能夠長期把臣民抑制於服從的狀態：如斯巴達之於希羅特，德沙里(Thessaly)之於培累斯梯(Penestae)。反之，在所有的都市國家中，我們早已發現了無產階級的突起，主人階級卻沒有能力作有效的抵抗。

經濟條件與羣居狀態一樣，也傾向於同一結果。流動財產不及土地財產的固定：海洋是欺騙的，海上戰爭與刼掠的財富也一樣的欺騙。今日的富豪因「運命」之輪一旦迴轉便喪失他全體的財富；反之則最貧的卻或同時一躍而爲富豪。但在一個完全以財富爲基礎的國家，喪失財富卽喪失品位與「階級」，取得前者卽取得後者。豪富的賤民(Plebeian)在要求平等權利的憲法戰爭中，成了民衆的領袖，置其財富於鬥爭危險之中。貴族(Patricians)不能夠支持了，在壓迫之下，他們對于下層階級的要求讓步了。當第一個富裕賤民升入了他們的地位的時候，依出生而取得的統治權，從來視爲神聖的制度而把持者，現在永不能夠存在了。自此以後，一人所能主張者，他人亦能夠主張；於是貴族政治之後，繼起者初則爲金權政治，次則爲民主政治，最後則爲平民政治制度，直至外族征服或「持刀救世主」的「暴君政治」收拾破碎之局爲止。

這個結局不獨影響於國家，並且影響其人民者極深，甚至於因奴隸勞動的資本主義剝削而致民族於死滅。凡是以海賊及海上冒險爲基礎而使用貨幣爲交換媒介的國家，都有奴隸勞動的資本主義剝削之社會制度。在奴隸制度發源的原始封建國家，奴隸制度是無害的，凡是以現物的交換及使用爲基礎的經濟制度，也是如此；只要以「資本家」的方法來剝削奴隸，換句話說，只要把奴隸勞動不用於封建的現物支付制度，而用於貨幣支付的市場，則此制便成了根本破壞全國家生活的腐潰的癰疽。

海賊行爲與商業戰爭攜來無數奴隸於國內。奴隸所有主的財富使他們以較強的強度而勞動於土地之上，都市圈內的土地所有主從其土地收得了繼長增高的收入，因此也繼長增高的貪求土地。鄉村的小所有主，負担過度的賦稅，且又在那爲大商人階級利益的戰爭中，負担過度的軍事勞役，遂陷入債務之中，成了債務奴隸，或成了貧民，向都市而移動。但移入都市也是沒有希望的，農民是素來在都市中購買物品的，所以農民的離散，破壞了手工業者及小商人，同時因農民離散而愈益增大的大土地所有主卻以自己奴隸的生產物來供給自己的需要。此病菌又破壞了政治體的別的部分。殘餘的商業漸爲剝削奴隸勞動的主人所吸收，因爲奴隸勞動較廉於自由勞動。中間階級因此瓦解；而貧民，不值一文的羣衆，道地的「襤褸無產階級」，便產生了，此階級因此時期內造就的民主憲法而成爲國家的主權者。在政治上，在軍事上，路程的終局只是一個時間的問題。卽令沒有外族的侵入，也會終局的；但外族的侵入又是一個常例，因人口衰退而民族的體力破壞，于是民族便萎瘁了，于是最後的階段到來了。這是一切都市國家的終局。在本書範圍內，我們再不能夠在這個階段上延長研究了。

只有一個都市國家能夠維持數世紀，因爲牠是一切別的都市國家的最後征服者，又因爲牠能夠施用那唯一的救助法以抵抗人口的萎瘁：這便是在都市及鄉村中創造中間階級，並在征服得來的土地上大規模移殖農民。

這都市國家便是羅馬帝國。但是就是這個偉大的組織最後仍因資本主義的奴隸剝削，終致於人口萎瘁。然在此時間內，牠曾創立過最初的帝國（Imperium），換句話說，建立過最初的大規模的極度集權國家，且曾征服及併吞地中海岸及鄰地一切陸上國家，並因此把這種組織的統治模型昭垂于世界。更有加于此者，牠把都市組織及貨幣經濟制度發達到很高的程度，遂致再不能根本毀滅，即令在野蠻人移運的騷擾中還能存在。其結果，占領羅馬舊域的封建陸國，直接或間接的感受了新的衝動，使牠們渡過了正常的原始封建國家的階段。

第五篇　封建國家的發達

第一章　土地私有制度的發生

我們現在回溯到上面所述的一點，這便是原始封建國家產生那都市國家的枝椏，以繼續軀幹的向上生長之一點。都市國家的運命是決定于國家旋轉軌道所圍繞的財富的累積，——商業資本；陸國的運命係決定于那統轄國家旋轉軌道的財富的累積——土地所有權。

我們在前面敍述了畜牧部落的經濟分化，並指出了此種部落之中，若一日採用了政治手段，無論其爲掠奪戰爭的形式或是奴隸制度的形式，則以現存財富爲核心的蓄積法則便即刻發生效力。我們看見了部落分化爲貴族及普通自由民，在他們以下，隸屬着沒有任何政治權利的第三個階級。這財富的分化進入了原始國家，極顯著的銳化了社會身分的對抗。此種分化因領土的定住，私有制度的成立，而更加有力。即在原始封建國家初生的時候，尤其是畜牧部落內部，富比王侯的大量畜羣及奴隸所有主與較貧的普通自由民二者之間差別顯著的時候，個人所占有的土地數量已有巨大差別的存在，這是無疑的。這些王侯比小自由民所占土地多多了。

最初，土地私有是無害的，沒有人意識到土地的大所有制可以成爲社會權力與財富增加的手段。在此時這是不成問題的，因爲在此階段，普通自由民如果知道大土地私有能夠殘害自己，本不難阻止其型成。但是沒有人預見這個可能性。在我們所說的社會狀況內，土地是沒有價值的。因此，鬥爭的目的與鹵獲，不是土地的所有，乃是土地與其農民，農民實粘附于土地之上。（後來的法律上的 glebae adseripti)而爲其勞動下層或勞動機力，由兩者的結合，政治手段的目的，即地租，纔可以生長出來。

每個人可以自由從廣漠的未墾地中，儘量取得他所必要，所願得，或其所能耕的數量。人對于無限制的供給，自不必畫分界限，與對于空氣的供給不必畫分界限相同。

貴族中的公侯或者從始便追隨畜牧部落的慣例，比普通自由民受取較多的「土地與農民」。這是他們公侯所應有的權利，因爲他們有家長，將軍，酋長的地位，畜養着半自由民，僕役，從者，或遣逃客的戰鬥的扈從。此實使原始土地私有數量有很大的差別。然而尙有不止于此者。公侯帶領有僕役及奴隸，他們比普通自由民需要面積較大的「無農民的土地」。但是僕役奴隸們是沒有法律地位的，所以，依民族法的普遍的觀念，他們不能夠取得土地所有權。但因他們必需土地以爲生，他們的主人便替他們取得土地所有權，使他們定居于其上。其結果，游牧部落的公侯愈富，則他所變成的土地領主愈有權力。

這件事的意義是什麼？財富及依於財富的社會身分，從此比畜牧人的所有權，更加鞏固，更加永續。最大的畜羣可以一朝喪失，而土地卻不能破壞；有勞動義務而交納地租的人，縱經最殘忍的殺戮，縱令他們在奴隸田舍之中身體難于發育，仍舊能夠生殖出來。

以這種財富爲固定的核心，財產以繼續增加的速率蓄積起來了。最初的私有制是無害的，所以人人立卽認識了地租是隨未經占有的土地上定住的奴隸數量增加而增加的。從此以後，封建國家的對外政策不復趨向于取得土地與農民，常趨向于取得無土地的農民，擄掠回國以爲農奴而重新移殖之。在舉全國而從事戰爭或掠奪的遠征之時，貴族所得最多。但是他們卻時常爲自己的利益而出發，只帶領他們自己的扈從，至于留守在家的普通自由民，自不能分沾鹵獲了。因此，魔法之圈遂因貴族土地財富的增殖而迅速擴大。貴族的奴隸愈多，則所收地租愈多。地租愈多，則貴族愈能畜養戰鬥的扈從，以僕役，懶惰自由民，及逋逃客來組織。因有他們的助力，他愈能獲得更多的奴隸以增殖其地租。

這個過程，便在有中央權力存在的地方，也可進行。依一般的法律，或由于人民的默認，或依明示的公布，中央權力常有處分未墾地的權利。若封建領主尙爲服從王室的忠臣，則王室使領主加强，于王室亦爲有利。領主的武裝扈從因此加强，在戰時可以供王室的驅策。我們只須徵引一個實例，以證明世界史的必然的結果，決不局限于西歐的封建國家，即令在完全不同的環境之下，同樣的前提仍發生同樣的結果：「菲幾(Fiji)島上主要的勞役是戰役的義務，如果戰勝了，其結果是增加土地及土地上爲奴隸的歸化人，于是又增加新義務了」。(九十一)

土地以繼長增高的數量而累積於土地貴族之手，遂使高級的原始封建國家進化爲含有完成的封建等級的「末期封建國家」。

若參引著者研究大土地所有制起源的舊著，便可知德意志土地也有同樣的因果關係之存在；(九十二)此著作曾指出該書所述一切事例之中，均有一個過程，其發達的主要路綫是同一的。只有這樣的推論，纔能夠解釋封建制度成立與發達的軌跡，試舉日本爲例，日本的住民雖完全異於亞利安人，而其封建制之發達卻在細節上莫不與歐洲史學家所熟知者相同；然而其農業耕作方法卻完全異其技術的基礎，日本人不是用犁耕而是用鋤耕。（因此知側面唯物史觀是不行的。）

在這個事例中（本書全書都是一樣的），我們並不是考察一個民衆的運命；著者的目的僅在于人類的基本特徵（無論他們生存於什麽地方）的典型的發達及一般的結果。我們既熟知發達的封建國家的兩大實例，——西歐與日本，以後我們將論述不大熟知的事例，且盡量先就民族學上的材料，而狹義的歷史上的材料則稍略。

將次論述的過程是原始封建國家政治社會結構的一個逐漸完成而根本改革的變革過程：中央權力失墜其政治權力於地方貴族，普通自由民降低其身分而「臣民」則又上升。

第一章　原始封建國家的中央權力

游牧部落的族長雖依其戰爭將領及宗教職能而賦有權威，但通常則沒有專制的權力。一個小定住共同體的「王」，也是一樣的，以一般論，他只能行使極有限制的命令權。但是，一旦有武略雄才併吞多數游牧部落成一個強大戰士集團，則專制的集權的權力便是一個直接的必然的結果。(九十三)戰爭一朝勃發，則霍馬所謂：

οὐχ ἀγαθὴ πολλχοιρανιὴ

εἷς χοίρανος ἔστω εἷς βασιλεύς

The rule of the many is not a good thing,

Over the many these should be one king.

便爲最獷野的部落所承認，而爲必行的事實了。自由的原始狩獵民對于他們選舉的酋長在戰爭中是無條件服從的。烏克蘭(the Ukraine)的自由的哥薩克人(Cossacks)在平時不承認任何權力，在戰時卻以生死置于其頭目的權力之前。這種對於戰將的服從是每個純正戰士所共通的心理。

游牧民大移動的領袖全是強有力的專制君王：例如亞梯拉(Attilla)窩馬爾(Omar)，成吉斯汗，帖木爾，摩西里加茲(Mosilikatse)，克奚瓦依窩(Ketchwayo)。同樣的，多數原始封建國家混合的結果而成立一個強大的陸國時，從始便有強有力的中央權力。例如沙岡西洛斯(Sargon cyrus)，克羅多維奚(Chlodowich)，查理梅因大帝，波列斯老赤王（Boleslaw the Red）。有時，——尤其是國家尚未發展到地理的或社會學的限界的時候，此等中的權力常掌握于數代強有力君王之手而不易動搖，有時墮落為最狂暴的專制與該撤式的癲狂：尤顯著的例子存在於米索坡忒米亞與非洲。我們祇略略涉及這個形態便夠了，因為牠對于政治制度的最後發達沒有多大的影響。但是還有一點是應當敘述的，專制政治制度的發達，主要的是在軍事地位以外，要看統治者宗教地位如何，及有無商業獨占的權利。

皇帝與法王相結合之所謂 Casaropapismus 常促進專制政治的發達；反之則神權與俗權的分離常使其代表者互相牽制與均衡。最明顯的實例是東印度羣島上馬來諸國，牠們是純粹的「海國」，其發生過程與希臘海國若合符節。以一般論，諸國的王侯所有的權力之微小恰與亞梯加諸國史上初期的國王相同。諸氏族的族長——在 Sulu 稱 Dato，在 Achin稱 Panglima——纔有實際的權力，與雅典同。但是，「

例如在吐拔(Tobah)，宗教的動因賦與統治者以具體而微的法王的地位；則其形態頗殊。Panglima 完全要隸屬於 Rajah，不過是一種官吏而已」。(九十四)再引一個熟知的事實，在雅典與羅馬，當貴族與族長廢止國王之際，他們至少要保存舊來的尊號，而使政治上別無權力的貴族一人使用之，俾依慣行的儀式以獻享于神。依同樣的理由，在許多地方，政府實權早移于軍事首領以後，部落酋長的子孫仍保存其王位而別無政治上的權力，例如在麥羅溫金帝國(Merovingian EmPire)的末期，于麥羅維奚族的「久尸其位的國王」(rex crinitus)之側，大權歸于加羅陵金的宮廷大臣(Mayadomus)；又如在日本，征夷大將軍實于天皇之側掌握大權；又如在般加帝國，般加指揮官掌握大權而 Huillacuma 則漸限制於宗教職能。※(九十五)

※在埃及，我們發見同一事例，于頑冥的亞門霍忒布四世(Amenhotep IV)之側，哈倫赫布宮(palace Haremheb)大臣實「掌握最高軍事與行政權于一手，遂至于爲國家的攝政王」。Schneider, Civilization and Thonght of the Ancient Egyptians, Leipzig, 1907, page 22.

于拔高僧侶的地位之外，國家元首的權力每依商業獨占權而大加增長，此種權利為原始酋長所行使，實由賓禮贄見的和平交換自然發達而來。例如梭羅門王即有此權利，其後羅馬皇帝佛蘭得利第二亦行之。※(九十六)

※ Cf. Acta Imperii, or Huillard-Breholles, H. D. Fred. II.——J. Gittermann.

黑人酋長通常是「商業獨占者」；(九十七)例如蘇鹿(Sulu)王是。(九十八)在加拉(Galla)人中，凡是承認酋長的最高地位的地方，他「當然是他的部落的商人，其臣民則一概不准直接與外人交易」。(九十九)在巴洛茲(Barotse)及馬本達(Mabunda)，國王「依法律的嚴正解釋，是其國的商人」。(一〇〇)

拉側爾以明瞭的語句指出這個成因的重要性，說：「於其符咒力之外，酋長更依商業獨占權增加其權力。因為酋長是商業的唯一居間人，所以臣民所需要的事物皆須一一經其手，他便成了一切希求的給與者，一切嗜欲的滿足者。在此種制度之下，自有掌握大權的可能性」。(一〇一)在征服地域內，政府常嚴厲施行其權力，若再加以商業獨占權，則王權必非常强大了。

有一個一般的法則要說明的是：即令在專制主義的極端情形，也沒有君主的絕對主義存在。統治者雖可以毫無忌憚的蹂躪臣民階級，但他卻受他的封建侍從不少的限制。拉側爾說明一般的臣民時，說道：「非洲或古代美洲酋長的所謂「宮廷會議」，(Holstaat)常爲一種議會。……在低級的民族中，即令政府制度是共和的，我們雖仍常常遇見絕對主義的痕迹，而絕對主義的原因，不在于國家或酋長的實力，而在于人民個人道德的弱點，對于施及於他的權力不能作有力的抵抗」。(一〇二)蘇鹿王國是一個有限制的絕對主義，其權力分寄于國家極有權力的大臣(Induna)；在其他加非爾部落，卻是一個議會，有時並人民與酋長而統治之」。(一〇三)雖有這種限制，但「在卡加(Tshka)之下，專制暴君之前，一噎一咳，乃至對王室親戚的死亡不揮涕淚，皆處死刑」。(一〇四)同樣的限制亦存在於西非洲以可畏的野蠻性著名的達霍米(Dahomy)及亞香蒂(Ashanti)王國。「在戰爭，奴隸貿易，及人體犧牲之中，雖浪費人命，卻沒有一處有絕對的專制主義。……波底奚氏(Bowditch)指出亞香蒂的等級及品位制度與希洛多吐斯(Horodotus)所述波斯古制有相同之點」。(一〇五)

我們必須慎重，並且還要堅持，不要混同了專制主義與絕對主義。即令在西歐的封建國家，統治者常行使生殺的大權，不受法律的干涉，但是此種統治者對于他的領主卻沒有能力。只要他沒有涉及這些階級的特權，他便無須約束他的殘暴，他間或可以犧牲一個大臣；但若觸及領主的經濟特權，便成禍水。在東非洲諸大帝國，從法律的觀點上觀察，可以說王權是完全自由的，但是受政治限制的嚴密的阻礙：「在理論上，瓦甘達(Waganda)及瓦尼若洛(Wanyoro)的政府是以國王對于全國的統治為基礎的；但在實際上，這不過是政府的外觀，一切土地皆歸于帝國中的諸酋長。在孟武沙（Mtesa）時代，代表民衆反抗外國勢力者乃是他們；莫安加（Muanga）畏懼他們，不敢實行新政。在實際上王權是有限制的，但在形式上王權卻在小節上也有支配的地位。統治者是臣民大衆的肢體及生命的絕對的主人，只對于酋長廷臣的狹小範圍，始感覺其有所限制」。（一〇六）

以上所論，可以正確的適用於大洋洲，這是創造國家的大社會中之最後一個：「王與人民之間沒有一處沒有中間的緩衝。貴族主義矯正了族長主義。所以專制主義的極端，僅存于階級壓制或身分壓制，而不存于任何個人有權勢的意志」。（一〇七）

第三章　原始封建國家政治的及社會的分裂

依民族學的，歷史學的，及法律學的研究，原始封建國家中，有多種多樣的族長——貴族的（有時是財閥的）混合政制。篇幅有限，不容我們一一詳述。這在國家的發達過程上也很重要的。

在最初時，統治者有多大的權力，這是不相干的，不過短時間內，必然的運命便被破壞他的權力了；我們可以說，權力愈大，換句話說，高級的原始封建國家領土愈大，則其破壞愈速。

依前章已經論述的過程，各個貴族的權力，因其以新得的奴隸占有並定住那未耕土地而增大，其結果乃不利于中央權力。孟孫說明克爾特族道：「在一個約有武士八萬人的氏族內，若有一個酋長，除他的農奴及債務人外，有侍從萬人，出席議會，則此貴族已不是他的氏族中一個市民，甯爲一個獨立的王侯了」。（一〇八）同樣的事實可以適用于梭馬利的"Heiu"，一個大地主役使於土地上之家族以百數，「梭馬利蘭（Somaliland）的狀況使人回想中世歐洲封建時代的狀況」。（一〇九）

此種孤立領主的優越權勢，雖發生于低級封建國家，但其成熟光大，卻是在高級封建國家即大封建國家之內；這是由於領主的權力因受了國家官吏的職務而增大。

國家愈加擴大，中央權力愈須把官吏職權委託於其駐在邊疆而頻爲戰爭及叛亂所擾的代表人。爲使有爲國家安全的執行權起見，此種官吏必須賦有最高軍事權力，與最高行政官的職權相聯絡。他必須有大量的行政屬僚，尤須有永久軍事勢力。他怎樣給養這些人呢？除後面所述的一個例外之外，決不會先輸租稅於中央國庫，然後發給地方的，因爲這樣的往還只有經濟發達到使用貨幣，始可做到。但在現物支付的社會，如這些「陸國」，卻沒有以貨幣支付的租稅。因此，中央政府除使侯伯或邊將或太守自用其轄區以內的收入外，別無他法。于是這種官吏收受臣民的賦稅，決定何時何地使用民力，徵收以牲畜支付的祭品，捐助及罰金；而以此種種收入訓練軍隊，準備定額的武士以供中央調遣，建築並修理大路與橋樑，供饗巡幸中的國王及其從者，或「王使」，最後則籌備「貢享品」，皆爲容易運輸入朝的高價物，如馬匹，牲畜，奴隸，金銀，酒酤之類。

換句話說，他受領廣大的封土以完成他的義務。如果他以前還不顯赫，今後他郤成一國最大的人物了，況且他以前或者已經是轄區內最有力的領主。他今後仍與其他領主一樣的行動，只不過其他領主沒有他那種官位；他仍然大規模的以新得的奴隸移殖于新得的土地。他依此更增大他的軍事勢力；中央政府也希望他並贊助他如此。這本是此種國家的定命：養大地方權力以自噬其臍。

機遇之來，使邊疆守吏對于勤王的軍事，尤其是中央政府王位繼承之不可免的鬥爭，提出條件。他依此得到更有利的利權，尤其是公認他的封疆之世襲，因此他的官守與封土遂成爲一個產業。由是他漸漸從中央權力獨立起來，而俄羅斯農民的嗟歎：「天高皇帝遠」，遂成了普遍的法則。試舉非洲的例：「龍達(Lunda)帝國是絕對的封建國家。諸酋長（Muata, mona, muene），只須不逆元后（Muata jamvo）之意旨，則在一切內部事務上准其獨立行動。通常則大酋長之在遠方者每年派遣隊商擕貢賦到首都（Mussumba）；其所在太遠者則有時長時期不納貢賦；反之則同樣的酋長居於近郊者郤一年貢納數回」。（一一〇）

在這種鬆懈相結及現物支付的國家內，交通不便，有如何的影響，上述報告再明瞭不過了。或者可以說：封建公侯的獨立傾向，與他們和中央權力距離的遠近爲比例。王室對于他們的職務，必須賦與的利權日益加多，且必須漸漸確認他們分得王權，否則亦須于他們奪得王權之後，從而認許其僭竊。這便是封土世襲權，道路通行稅與商稅權，（中世的鑄幣權），高等與初等司法權，爲自己私益而興徵民力以修築道路橋樑之權（英國古代所謂 trinodis necessitas），及使用自由民的兵役之權。

依此而邊疆守吏逐漸取得了日益增大而終乃完成的事實上的獨立地位，雖封建宗主權的形式上的羈縻，尚可以在表面上于長時期內結合着這些新發達的侯領。讀者當然可以想起這個典型的變遷的事例了；全部中世史便是其中的一幕；不獨是麥羅溫金及加羅陵金帝國，不獨是德意志，即法蘭西，意大利，西班牙，波蘭，波希米亞，匈牙利，以及日本和中國，皆曾經過這個分裂的過程，反覆行之，不止一次。米索坡特米亞諸封建國家也是如此：大帝國興亡相踵，取得政權，繼續分裂，重新合併。關於波斯，歷史告訴我們：「各個國家及省區，依相踵而起的革命，取得長期或短期的自由；而蘇沙（Susa）的「元后」並不是常有權力壓服他們的；其他國家的太守或戰將則各自獨裁，不忠不信而暴厲恣睢的行使政權，恰有似於獨立君王，或有似於萬王之王以下的國王，僅納貢賦。波斯的世界帝國不過是多數國家與省區的混合，沒有普通法律，沒有有秩序的行政，沒有統一司法制度，沒有法律的秩序及執行，沒有扶助的可能性，以至于分裂」。（一一二）

在尼羅流域之鄰邦、亦有同一運命的來襲：「公侯常起家于僭權之家，自由地主，僅納田賦于國王，而流治一定的土地或區域。這些地方公侯，于他們家產以外並管領他們以官吏地位所分得的領域。

「嗣後，或許是在古代及中世王朝之交，相踵繼起的戰爭，以及由戰爭所獲得而可以使用為勞動機械的俘虜，遂引起了對于臣民的嚴重的剝削，及賦稅數額的確定。在中世王朝時代。氏族的公侯的權力擴大至崇高的頂點，他們有廣大的宮廷，比擬于王宮的富麗」。(一一三)「在王室衰落王權喪失之際，高級官吏為個人私圖而行使職權，為的是要使他們的家族世襲官位」。(一一四)※

※馬斯培羅(Maspero) 在 New Light on Ancient Egypt, P P. 218-9 說道：「直至此時，在事實上，最高僧侶還是由國王選擇指命的；自 Rameses III 以後，常從同一個家族內指任之，子繼其父以任僧正。自此以後，事實的進行很快。Thebes 的世業依特許的領地而倍增，或因其主人與鄰封世子結婚而增加，或因一家贈與于他家而增加，或因每代以其幼子為次要城市的僧正而增加。官文書中有他們的妻的姓名，是知 Rameses III 以後一世紀或一世紀半，差不多 Thebes 朝全時期內，埃及領土三分之一實在于 Ammon 大僧正及其家屬之手」。——Gitterman.

但是這個歷史法則的適用却不以「有史時代」的民族為限。拉側爾敍述印度封建國家時說道：「即在拉氐斯坦(Radshistan)以外，貴族常享有獨立的地位，即使在海都拉巴(Haiderabad)，自尼旃(Nizam)取得獨裁政權以後，烏麻拉(Umara)或納波布斯(Nabobs)自有其軍隊，與尼旃軍隊無關。這些小封建諸侯較之大諸侯，殊不能夠供應近代印度國家行政上繼長增高的要求」。(一一五)

最後，在非洲，許多大封建國家發生消滅，與形象永無變遷的流水上泡沫之生滅相似。強有力的亞香蒂帝國在一世紀半以內，減削其領土五分之四；(一一六)與葡萄牙接觸的許多帝國，相繼消滅，全無痕跡之遺留。然而這些却原是強大的封建國家：「是莊嚴且殘酷的黑人帝國，即如白倫(Benin)，達霍馬，及亞香蒂，在許多徵象上酷似古代祕魯與墨西哥，在其四周有政治上毫無組織的部落。世襲貴族孟扶木氏(Mfumus)與其他各國家儼然分立，自行其地方行政制度，而與其他較易起滅的貴族相侯，爲洛昂果(Loango)國王及王室的柱石」。(一一七)

但是每當此種國家一度強大而終則分裂爲事實上或法律上獨立的地方國家之

際，從前的過程又復重新開始。大國併呑小國，而新的帝國又起。梅特曾（Mitzen)簡賅的說明德意志道：「最大的地方諸侯後來成了皇帝」。(一一八）但是因為有分給采邑于武裝家臣之必要，乃並其原有封土亦消滅了。「國王立刻發見了他的屬土完全分封了；他們的三角洲上的領土分散了」。這是舒來德（Schneiler L. C. Page 28)關于第六代王朝的法老（Pharaohs）的說明。在佛蘭克帝國的麥羅溫金與加羅陵金兩王朝，同樣的原因發生同樣的結果；此後德意志的沙克遜及可亨斯道夫王室亦同。(一一九）此外無須再引實例，人人都已熟知了。

本書以後要討論最後把這些原始封建國家從這個魔術之圈——從併合到分裂，不知底止的圈——解放出來的各種原因。本章既已說明此過程的歷史的方面，所以目前的工作是說明其社會的方面。此過程實以決定的態度，變改了階級的結構。

統治羣的下層之普通自由民受了偉大的勢力的打擊。他們降落于隸屬的地位。他們的衰落必然引起中央權力的衰落，因為兩者可以說是自然相聯合的，同受大領主擴大的權力的威脅。當地方的自由民軍隊，尙優越于領主的拱衞及「侍從」之時，王室便可以控制領主。但是前面說過的必然的運命，强制王室授與其農民于領主，從鄉村軍隊弱于領主衞隊的瞬間，自由農民便消滅了。國家的主權既已授與地方領主，換句話說，地方領主既已發達爲地方上獨立的君主，則法律對于農民，或課以過度的兵役，（此實破壞農民，但因地方領主需求新領地與新農民的利益而頻頻徵發），或濫用强制勞動的權利，或變更不時的司法爲軍法的壓制，而農民的自由至少一部分被剝奪了。

但是，普通自由民所受的最後打擊是國王最重要權力的授與或僭取，這便是未占有的或「平民」的土地之處分權。原來這種土地是屬于全體「人民」所共有的，換句話說，屬于自由民所公用的；但依原始的習慣，（或者是普遍的習慣）其處分權却在于族長。此處分與殘餘的王權相併移轉于領主，——于是乎他便有絞死那殘餘的少數自由民的權力了。他現在宣告一切未占有土地是他的財產，禁止自由農民的移住，只有承認他的領主權的人始許均沾；換句話說，只有忠事他的從者或農奴始許均沾。

這是普通自由民的棺槨上最後之一釘。以前，他們所有權的平等，是有一定的保障的。即令一個農民有子十二人，他的遺產並不分散，因爲其中十一人可從平民共有地或尚未分配于各村落的公地上新得若干。自此以後，再不能如此了；大家族生長之際，其土地必須分析，而繼承之子女結婚又使土地兼併；自此以後，農民的土地二分，四分，八分，致使其所有人變爲農業「勞動者」，受雇于土地較大者而耕作。于是自由農民分裂爲富農與貧農；致令從前結束諸箭而使其難折之箍，一旦破壞。所以，農民階級同志之中，縱有因領主的苛征而破產，遂作領主的家奴，縱有隸農來居于農家已死或農家負債而入于領主的土地之上，使農民的社會聯繫更加瓦解，但階級分裂而經濟對立的農民毫沒有抵抗領主的權力了。

即令領主沒有僭取國家的主權，結果仍然是一樣的。在這種情形之中，公然的暴力及無恥的侵權仍可以完成同樣的目的。統治者遥遠而無力且不得不依賴這些破壞法律與秩序者的擁戴與援助，因此沒有干涉的能力與機會。

還沒有援引實證的必要。德意志自由農民至少有三次陷入收奪財產與破壞階級的過程。一次是在克爾特時代。（一二〇）古代德意志帝國自由農民第二次破壞是在第九第十世紀。同一形式的第三次悲劇開始於第十五世紀從前屬於斯拉夫而爲德人所征服並殖民的地方。（一二一）在這些地方，在這些「貴族共和國」，沒有與農民有共同利益的君主中央權力以緩和最黑暗的壓迫，所以農民的生活極苦。該撒時代哥爾(Gaul)的克爾特人是最古事例之一。在此地，「巨族有經濟的，軍事的，政治的優越地位。他們獨占國家財產權的使用。他們壓迫普通自由民，他們因巨族所課的賦稅而破產，貸借于巨族，成爲債務人，而後法律上做他們的農奴，拋棄自己的自由。巨族爲自己的利益而創爲從者的制度：這就是貴族有特權可以蓄養一羣的武裝僕役，受他們的俸給，叫做 Ambacti，依從者的力量，他們遂在國家之內型成國家。他們自恃武士之力，輕侮法律上的權力和自由民的軍隊，因此遂分裂國家。……唯一的保護，只有從農奴關係去尋求，在此種關係中，個人的義務與利益需要領主保護其隸屬者，而報復他人對于隸屬者的侵害。國家既沒有保護自由民的權力，他們愈益變成有力的貴族的家臣了」。(一三)從此一千五百年後，同樣狀況又發見于苦蘭（Kurland），李夫窩尼亞（Livonia），瑞典領坡麥拉尼亞（Swedish Pomerania），東霍爾斯台因（Eastern Holstein），麥克倫堡，（Mecklenburg），尤其是在波蘭。在德意志領域內，小貴族從屬其農民，但在波蘭，則受他們的魚肉的是從前的自由貴族舒拉舒希兹人（Schlachziz）。拉側爾說道：「世界史是單調的」。同一過程破壞了古代埃及的農民：「戰國時代以後，繼之以中世王朝史上的一個時期，下埃及農民地位的低落便在此時。領主的數量減少了，但他們的領地和權力却增加了。此後的農民的貢賦，是依他們產業的精密計算而決定的，並以一種土地註冊簿（Kataster）確定之。在這種壓迫之下，許多農民不久便進入領主宮廷成地方統治者的城市而受雇爲僕役，或工匠，或莊園或宮廷的經濟組織管理人。他們與戰爭的俘虜共同促進了諸侯領地的擴張，並助長了農民從其耕地的放逐」。(一二三)

證明這個過程的必然性的，再沒有比羅馬帝國的實例明瞭的了。我們在歷史上初次發見羅馬的時候，農奴制度與隸屬關係的觀念已經忘記了。自羅馬的「近世」開始時，只有奴隸制度。但是在十五個世紀以內，自由農民又陷入經濟的隸屬地位了。時則在羅馬已經成了過度膨脹尾大不掉的帝國，其邊疆區域已益益從中央權力分解之後。大地主既在自由的土地上賦有下級司法與警察行政權，便「把從前原爲 Ager privatus vectigalis 上自己地主的家臣，夷爲奴隸，于是在他們的免稅地域內，發達了一種眞正的 Glebae adscriptus」*。(一二四)侵入的德意志人在哥爾及他省發見了這種封建制度。在此時，從前奴隸與自由殖民(Coloni)的巨大差別又經消滅，最先消滅者爲經濟地位的差別，其後則法律地位亦無異了。

※Ager privatus vectigalis——古代羅馬莊園中，取被征服敵人的領地而加入者稱Ager publics。此種土地或讓與市民或殖民人（Coloni），叫做Ager privatus assignatus，或委之于家臣。在後者的情形，土地所有權在國家，而實權在家臣，不過取一種租稅，叫做Vestigal。所以叫做Ager privatus vectigalis。

Glebae adscripto——是後期羅馬帝國的殖民人，其地位在自由民與奴隸或隸農之間。漸不能與土地相分離。每年交納地租于地主。——岡上守道註。

普通自由民陷入政治及經濟隸屬地位之際，換句話說，普通自由民或隸屬于宮廷或隸屬于土地之際，從前隸屬于領主的社會羣却以相應的步驟而改進其地位。兩個社會層遂相遇于中途，地位益相接近，終于互相混和。剛才對于後期羅馬帝國自由殖民及農業奴隸的觀察，到處都是一樣的。例如在德意志，自由民與農奴一經混和，便合成一個經濟的法律的單一羣，叫做 Grundholde 或粘着土地的土民。

「臣民」，爲簡單起見以後叫做平民或賤民（Plebs）。平民升格的原由，與自由民降落的原由相同，且依同樣的必然性，起原于這些國家建立的基礎，即土地向于數量遞減的領主的集中。

平民是中央政府天然的敵人——因爲中央政府是他們的征服者與徵稅者；同時他們又天然是普通自由民的敵人，普通自由民蔑視他們並且於經濟上抵制他們之外，又在政治上壓迫他們。大領主也是中央政府天然的敵人——中央政府是他們完全獨立的障礙；同時他又是普通自由民的天然敵人，他們不獨擁護中央政府，並且以其私有土地阻礙他的領地的擴大，同時因他們有政治權利平等的要求，損壞他的公侯的威嚴。地方諸侯與農奴的政治的社會的利益既相合，他們必相與聯盟。諸侯必須在反對王室與普通自由民的戰爭中，有親信的戰士與心願的納稅人，始可以取得完全的獨立；平民也只有把可恨的及驕傲的普通自由民降落于自己的水平綫，始可以在經濟上社會上稍紓其卑賤的地位。

在這兒，我們第二次看見諸侯與其臣服的平民的利益一致。第一次的薄弱的連帶（Solidaritat）是在國家型成的第二階段。因此遂使半主權的諸侯寬和的待遇其隸屬的佃農，並虐待其領域內的自由農民；其結果隸屬者更願意爲之作戰與納租，而被壓迫的自由民只有準備着屈服于壓迫之下，尤其是他們的政治權利隨中央權力的衰落而已成無謂的空談。有時候，例如第十世紀末期的德意志，在鬥爭的進行中，對于結果完全有明瞭的意識，（一二六）——有些諸侯特別「溫和」以行其統治，藉以招徠鄰封的臣民於自己的領土，依此以增加他戰爭及租稅的實力，並薄弱敵方的實力。平民在法律上及實際上漸有了逐漸增加的權利，有了所有權法上擴大的特權，又或有普通事務的自治權，及自己的司法權；因此他們以普通自由民降落的同一程度而上升，直到兩階級中途相遇而融和成了同一法律經濟平面上的混一體。他們是半農奴，是國家的半臣民，他們是公法與私法還不能十分明瞭分別的封建國家型成的一個特徵；也便是封建國家的歷史的發生——爲了經濟的私權而以國家的形式來統治——的一個直接的結果。

第四章　種族的融合

降落的自由民與上升的平民之法律的社會的融合，必然趨向于種族的融合。最初，被征服人民不許與自由民互相通婚和社會交際，現在，這種障礙不能夠維持了；在任何村落中，社會階級不復以統治種族的血統來決定，而決定于財富。每每有武士游牧民的純血統子孫，不得不受雇于從前農奴純血統子孫，爲其田夫以爲生活。臣民的社會羣現在包含兩者，一是從前統治種族羣的一部分，一是從前的臣民羣的一部分。

我們說一部分，因爲別一部分此時已與舊來統治羣一部分相融合而爲一個社會階級了。換句話說，不獨平民的一部分取得自由民降落的地位，並且另一部分還要上進一步，完全加入了統治羣，此統治羣在此時期不獨地位飛躍，並且數量減少。

這也是歷史上普遍的過程，因為到處都有這種現象，以同等的壓力，隨封建統治的前提發生出來。貴族中的最尊者(Primus inter pares)，不論是中央權力或地方當道，一作王侯，便須于其階級「同僚」之外，另覓他的統治的輔佐工具。階級中的同僚是他想龍飛的時候必須打倒的一個階級；——而龍飛是(且必然是)每個人的目的，因為在這個階段，進取權力就是進取生存。他在這種努力中，為他的可憎的強項的弟兄及他的小貴族所反對，——因此，在每一個宮廷中，從大封建帝國君王到一個不過是大地主的宮廷中，我們總可以發見那統治羣代表者之外，許多卑下血統的人們是親信的官吏，——而統治羣代表者名為官吏，實則為「監察」(Ephors)，為其階級的全權代表以分掌王侯的大權。我們只回想到邦都(Bantu)王廷的印都納(Induna)。王侯不信任那些煩擾驕傲的大僚而信任他自己的人，信任那地位與他不能夠分開，且因他的衰落而破產的人們。*

* 最顯著的一個例是亨利第六的家臣 Marckward of Annweiler, Marquis

of Ancona and Duke of Ravenna，亨利第六死後，爲其子佛蘭德利第二的攝政。（參看 Bochmer-Ficker, Regesta Imperu, V, vol. 1, No. 511. V. ad. annum 1197)——Gittermann.

在這兒，徵引歷史的事例幾乎是多事。每個人都知道西歐封建王國的宮廷中，除了王的親屬與幾個貴族的臣僚之外，還有下級羣中擢居高位的分子，如平民階級的高僧與大將。查理梅因近身的侍從之中，實代表他的帝國內一切種族及民族。在 Niebelungen Lied 的底特立奚沙加人(Dietrich Saga) 的底窩多(Theodoric of Goth) 的故事裏，被治階級勇敢子孫的興起，有其反映。此外還有幾個不甚重要的事例。

在埃及，遠在古代王朝之時，我們發見有封建貴族的王宮，是游牧征服者的子孫，以王室代表人的地位管理他們的地域，有代表的全權，而此外又有「一羣廷臣，付託有政府的確定的職務」。此乃「起源于王侯在宮廷中雇用的僕奴如戰爭的俘囚，逋逃客之類」，（一二七）若瑟夫（Joseph）的故事，指示當時尋常發生的事實，這便是以奴隸起家為國家全權大臣的地位。在現時，此種事迹在任何東方王廷都有可能性，如波斯，土爾其，或摩洛哥之類。在大選舉侯佛來德利威廉第二時代的老將軍德爾佛林克（Derflinger）的事例中，我們看見了從發達的封建國家過渡到近代國家的一例，此外還有無數的其他勇敢將士的例子。

請再從「歷史所不及」的民族中加引幾個事例。拉側爾說明博爾陸國（Bornu）道：「自由民還沒有失却自由血統的意識，與酋長（Sheik）的奴隸相對立；但統治者還任他們自己的親屬及他們部落的自由民還不及他們的奴隸。他們信得過奴隸的專一。不獨宮廷中的職位，便是國家的捍禦，從古便優先付託于奴隸。王侯的弟兄，以及較有野心較有能力的諸子，都是嫉妬的目的；宮廷最重要的地位是在奴隸之手，反之則王子却出守于政府遠方的地位。他們的俸給是以職務上收入及省區內租稅來支給」。（一二八）

在傅爾布(Fulbe)人中，「社會分為王侯，酋長，庶民，及奴隸。王室的奴隸為將士，為官吏，有重大的作用，還可以希望國家最高的地位」。(一二九)

這種宮廷貴族身分有時施及于大官之身，于是他們便依前述的方法而取得地方的侯位。在發達的封建國家，此實代表高級的貴族地位；即令為鄰近較强的國家所併吞，也常保有其品級。佛蘭克貴族確含有這種原來低下的階級的成分；(一三〇)從這個階級的血統的直系，傳出了歐洲文明各國的上層貴族，因此，在今日臣民羣與統治階級最上層二者之中，我們發見了種族的融合的現象。埃及也是一樣的：「在衰落期王權崩壞之際，高級官吏為自己的目的而濫用權力，使其家族世襲官位，于是形成了一種官僚貴族，與別的人口毫沒有血統上的分異」。(一三一)

最後，依同一原因的同一過程也適用于現在的中間階級——統治階級的下層，大封建制下的官吏與士官。最初，一方面是自由家臣，大領主下的小領主，貴族的親屬及少子，同地域內窮乏的同僚，自由農民的子孫，自由的亡命客，自由的職業武士；他方面是平民血統的禁衞中附屬武士；這二者之間，還有社會的差別。但是，不自由者上升，自由者降落；並且統治者也是信任他的隸屬者比信任同僚爲多。兩者的融合過程遲早要完成的。在德意志，迄于一〇八五年，宮廷中不自由的貴族還列於"Servi et Citones"之門，一世紀後，已與"Liberti et nobiles"同列了。在十三世紀中，此階級與自由家臣同，完全吸收于武士貴族之中。在此時期，兩者在經濟上趨于平等；兩者都有附庸封領，職役用的祿田，及家臣；同時，職官(Ministrisls)的一切祿田都成了世襲的，與自由家臣的采邑相同，亦與幸脫土地諸侯掌握而保餘喘的古貴族出身的小地主的世襲財產相類，世世傳于子孫。

一切西歐封建國家，皆有同樣的發達過程；在歐洲極東方而情形若合符節者則爲日本。大名便是高級貴族；武士便是武士貴族。

第五章　發達的封建國家

封建國家至此已臻于絕頂。牠在政治上社會上造成了多層的權階制度(Hierarchie）；其中在下層者常有服役直接上層的義務，在上層者常有保護下層的義務。此金字塔實樹立于勞動羣衆之上，其中最大多數還是農民；他們勞動的剩餘——地租，——經濟手段的全部「剩餘價值」，是用來支持社會上層的。除了尚在王侯直接領有之下而尚未頒爲采邑者外，土地的最大部分都轉入小采邑領主之手。小采邑領主則報之以約定的軍役義務，有時亦提供有經濟價值的勞役。大領主又依次服役王室的大封君，大封君又依次（至少在法律上）向于中央權力負有同一的義務；而帝，王，蘇丹，噸或法老則依次爲部落神的家臣。因此，從養育全社會的耕地起，上升到「天王」爲止，有一個人工的重疊的身分制度，絕對的約束着全國家的全生活，在習慣上法律上，沒有一片土一個人能逃出約束以外。因爲普通自由民原有的一切權利或已爲國家所收奪，或已爲戰勝的諸侯所破毀，于是乎在封建關係以外的人事實上便是「在法律以外」的人，不能夠享受保護，不能夠主張權利，換句話說，他便是在創設正義的唯一權力的範圍以外了。所以 Nulle terre sans seigneur

（沒有無主的土地）的法則，乍見之下似乎是一種封建的豪語，實在是這種新權利狀態的法規；至少也是對于那萬不能夠再存的原始封建國家的殘滓的掃除。

以「人種」的特質來解釋一切歷史發達過程的歷史哲學家，每以下列的事實爲其論斷的中心——以爲只有德意志民族依其優越的「政治能力」始能夠建立這發達的封建國家的搆造。這個論斷的力量已經消失了，因爲他們開始發見了蒙古族亦曾在日本完成同樣的功績。如果沒有強大文明國的中途障礙，沒有人能夠斷定黑色人種要建立怎樣的國家的，而烏甘達國（Uganda）仍自與加羅林金帝國及波列斯老赤王（Boleslaw the Red）的帝國相差不遠，不過那烏甘達國的人沒有中世文化的「傳統的價值」；然而這種價值却不是德意志族的功勳，乃是他們由時代的運命所贈與的。

再論述「色目族」，從來學者常以爲此族沒有搆造國家的能力。但是我們發見在數千年前，色目人已發達了同一封建制度，埃及王國的建立者便是色目人。我們或許以爲下列的桑瓦爾德關于埃及的記述是說明霍亨斯道夫皇帝的：「凡加入有權者的侍從的，此後便受他的保護，和家長一樣。此種關係……表示一種委託關係，與忠勤關係相似。此種保護與忠勤的關係成了埃及社會組織的基礎。這是封建諸侯與其陪臣及農奴的關係之基礎，法老與其官吏的關係亦然。個人結爲集團以隸屬于共同保護主之下，其間關係皆根據此種觀點，甚且上至于金字塔的頂端，國王自己也認爲「祖宗的嗣君」，天神的家臣。……凡是在此種社會的結束以外者——「無主的人」，便是在保護範圍以外，所以在法律以外」。（一三三）

我們沒有使用過特定人種特殊秉賦的假定，我們無需乎這個假定。有如斯賓塞(Herbert Spencer)之所說，這是建立歷史哲學的最愚拙的企圖。

發達的封建國家的第一個特徵是多層的等級構成爲互相依賴的金字塔。其第二個特徵是原來分立的種族羣之相與融和。

從前存在的人種差別意識完全消滅了。只存留着階級的差別。

此後我們只須觀察社會階級而不復觀察種族羣。社會的對立是國家生活的唯一支配的成因。依此而種族意識變爲階級意識，羣的理論變爲階級理論。但是本質却未嘗少變。新統治階級與從前的統治羣一樣的享有神聖的權利；新的武士貴族不久便忘却了他們是征服羣的後裔；而他方面則降落的自由民或淪落的小貴族今後亦與從前的被征服部落一樣，依「自然法」而堅決的誓從。

發達的封建國家在本質上恰與其在國家形成的第二階段之時相同。其形式仍是統治，其存在理由仍是經濟手段的政治的剝削，而政治剝削亦同受公法的限制，公法爲何，即强制統治階級使給予相對應的保護，並保障下層階級受保護的權利，俾牠以繼續勞動，繼續納稅，俾得以完成其對于統治階級的義務。統治的本質沒有變更，不過分化爲較多的等級；剝削——以經濟學的理論來說，富的「分配」也一樣的分化爲多數等級。

與從前一樣，這種國家的對內政策也是決定于從前的羣的衝突即現在的階級鬥爭的離心力，與共同利益的向心力二者相對應以搆成的平行四邊的軌道。與從前一樣，其對外政策也決定于統治階級對于新土地與農奴的爭奪，決定于向外的發展同時又出于維持自己的必要。

雖然其分化更爲精細，其完整更爲有力，發達的封建國家究不外是一個臻于成熟之域的原始國家而已。

第六篇　立憲國家的發達

如果我們對于前面所說的封建國家的結局，從內部諸勢力的力量所促進的有機的發達（或是前進，或是後退），而不從外來諸勢力所促成的物理的死滅，而為觀察，我們便可以說封建國家的結局實質上是決定于經濟手段所造成的社會制度的獨立發達的。

這種影響也可以從外而來，從外國——因其有較為進步的經濟組織而有較為集中的權力，較為良好的軍事組織，及較為有力的襲擊的外國而來。我們已經說過一點。地中海諸封建國家因為與經濟發育及財富較為高度而權力較為集中的諸海國，如加答哥（Carthage），尤其是羅馬，相衝突，而其獨立的發達猝然中止。關于此點，波斯帝國為亞歷山大大王所破壞，可作一例，因為當時的馬其頓已進入于希臘諸海國經濟進步之域。在現代最好的實例是日本所受外來的影響，在西歐文明諸國武力與和平的衝動之下，其發達過程急劇完成，殆不可思議。不過三十年間，由成熟的封建國家一變爲發達的現代立憲國家。

我覺得我們只可簡單的敘述這個發達過程。歷史上證據雖然貧之，民族學上的實證雖然缺如，但在我們所能看見的範圍內，發達的法則可以說是這樣的——縱沒有强大的外來影響，內部的勢力可以把成熟的封建國家，以嚴正的論理的程序，引進那到達同一結果的路徑。

支配此過程的經濟手段的創造者，是都市及其貨幣經濟制度，漸次代替了自然經濟，因此把國家整個生活所依存的基礎改變了，流動資本漸次代土地資本而居優勢了。

第一章　農民的解放

這一切都是封建國家基本前提的自然的結果。大私有地主愈變爲土地貴族，則自然經濟的封建制度愈趨破壞。陸國的王侯愈增加大土地財產權，則基于現物支付制度的封建制度愈趨分解。我們可以說此二者在發達過程中是並行的。

在大土地的所有權比較的有限制的時候，他自可實施養蜂家的原始法則，對于他的農民只留下足以生存的資料。但若土地擴大，或因戰勝的結果，（這是通常的情形），或因小地主依繼承或婚姻政策的委棄和分封，所積累的土地，廣分散于全國之中，遠離開領主的原有領地，則養蜂家的法則便不能夠實施了。所以，除非領主雇用大量的監理人——這是很煩費的並且在政治上是很愚拙的，——便只有賦課他的農民以定額的貢賦，半為地租，半是賦稅。因此，行政改革的經濟的必要與政治的必要相結合以上升「平民」，其方法已見前述。

土地領主愈不做私有地主，愈變為公法的主體，換句話說，愈變為土地諸侯，則他與農民的聯帶關係愈益發展。我們已經說過，即在大土地所有變化為侯領的過渡時期中，少數諸侯已感覺實施「溫和」的統治于自己有最大的利益。此其結果，不獨教育了他們的平民向于國家起較強的意識，並且使殘餘的少數自由民容易拋棄他們的政治權利以要求保護。更重要的是從他們的鄰封與敵土奪取了寶貴的人類的材料。到了土地諸侯最後取得了事實上的獨立的時候，他的本身利益必然促使他堅强的走上這條已經開始的進路。即令他再授與土地與農民于從者或官吏，他仍有切迫的政治的利益，决不把他的臣民無條件的交給他們。爲保持其統制計，諸侯必限制「武士」的權利，只許他們從土地徵收定額的現物給付及定量的强制勞役，而自己則保留公共利益所需要者，如大路橋樑上的强制勞役之類。我們立刻便可以看得出發達的封建國家內農民至少要供奉兩個主人。這種情形，正是他們後來勃興的決定原因。

因爲這些理由，一個發達的封建國家內農民所應負担的賦役必須有某種方法的限制。從此以後，一切剩餘不受地主的統制而歸于農民。依此變革，土地財產制的性質便根本變革了。在以前，地主在權利上，除了農民生存與傳種所絕對必要者外，得收取全部的收入；反之則此後農民的總生產物，只除了作爲地租而繳納于地主的定額負担以外，在權利上皆屬于農民。廣大土地財產的占有發達爲（領地上的）權利了。這完成了人類向于最後目的之第二個重要步驟。第一步是人類從熊的階段過渡到養蜂家的階段，因此遂發現了奴隸制度；這第二步卻廢止奴隸制度了。勞動民衆，以前只不過是法律上的客體，此時則始爲得享權利的主體了。勞動機力本沒有權利，隸屬于主人，且沒有生命肢體的保證，現在變成了諸侯的納稅人了。自此以後，此時初次成功的經濟手段以相異的方法而發達其勢力。農民更加勤勉更加愼密以從事勞動，得到超過他所需要的收入，因此遂發生經濟的意義所謂「都市」，即工業都市。農民生產的剩餘，發生了農業經濟所不生產的物品的需要；同時集約的農業又減少了從前農民家庭工業所生產的副產物。

農業與畜牧既繼長增高的吸收農家的勞力，原始生產與製造工業乃有分工之可能與分工之必要；農村是前者的所在，工業都市是後者的根基。

第二章　工業都市的發生

不要誤會的是，我們並不是說都市是這樣發生的，乃是說工業都市是這樣發生的。在每個發達的封建國家中，都可以發見眞實的歷史都市的存在。此種都市的成立，或由于純粹政治手段，例如堡 (Burg)（一三四）；或由於政治與經濟手段的協力，例如市場(Messplaty)，或由于宗教的必要，例如廟會 (Templebeyirk)。※凡是有這種歷史意義的都市存在于隣近地方，則新興的工業都市。常在其周圍發達起來；否則便是從已存的成熟的分工而自動的發生。在原則上，工業都市常自成城堡而自有寺廟。

※「每一個寺廟，常于其周圍聚集僧侶，學校，及香客休憩的宅舍」。——拉側爾 L. C., II, P. 575.

每一個爲大批香客所朝進的地方，自然的成了擴大的商業中心。我們由北歐的大批發市場的名稱依宗教的禮儀而叫做 Messen 這個事實，可以看出其遺迹了。

這不過是歷史上的偶合。以「都市」的嚴正的經濟意義言，是指經濟手段的地點，換句話說，即農村生產與製造工業之間等價物交換及互換的地點。這與通常用語相符，依常語，無論一個城堡有多大，無論所包容的寺廟，道院，香集有多廣，如果沒有交換的場所，便只能依牠的外部特徵叫做「似乎一個都市」，或「類似一個都市」。

歷史的都市的外表縱沒有多大的變更，而其內部卻有大量的變革。工業都市直接與國家相對敵。國家是發達的政治手段，工業都市是發達的經濟手段。這個占滿世界史篇幅的偉大的鬥爭，依其本來的意義而發生於都市與國家之間了。

都市是經濟的政治的集體，即以其經濟的政治的武器顛覆國家。都市以經濟的武器強取，以政治的武器引誘那封建統治階級的政權。

自為其權力的中樞的都市，在發達的封建國的機構體內，干預于中央權力與地方領主及臣民的中間，于是上述的過程便發動于政治範圍之內。都市是戰士的城堡和住宅，也是作戰材料（兵器等等）的儲藏；到後來又是貨幣的中心的蓄積地，這都是中央權力與興起的地方諸侯之間，或地方諸侯相互之間的鬥爭所必用的。所以都市是重要的軍事樞紐或可貴的同盟，依其遠大的政策可以取得重要的權利。

在原則上，都市于王室與諸侯的戰爭中，常助王室，其社會的理由是土地貴族否認都市中豪富市民所要求的社會平等；其政治的理由是因爲王者與人民有聯帶關係，所以中央權力比那只追求私人利益的地方領主較易受公共利益的影響；最後，其經濟的理由是都市生活只有在和平與安全之中始能繁榮。武士道的慣行，例如腕力權與私鬥權，及武士的掠奪聯隊的慣行，是與經濟手段不相容的；所以，都市是和平與正義的保障者——其先是皇帝，後來是有主權的地方王侯——的忠實同盟者；于是武裝市民擊破並刼掠那強盜公侯的堡壘，而此微小的一滴實反映着歷史的大海內興亡起滅的整個過程。

爲有效的實行此政治的任務計，都市必須吸收多數的市民，這是出于經濟上的必要的，因爲分工與財富二者皆依市民的增加而增加。所以都市以其全力贊助移民；這又表示都市與封建領主本質上正相反對。都市所吸收的新市民是從封建領地上退出的，封建領地因此在賦稅上與軍事防禦上漸次薄弱，與都市的繁榮正相比例。都市在拍賣市場中成了最有力的競爭者，農奴在這兒拍賣于最高出價人，換句話說，出賣于賦與權利最多之人。都市賦與完全自由于農民，有時且給以房屋與園圃。「都市空氣造就自由」(Stadtluft macht frei) 的法則爭鬥勝利了；而喜于强大都市而削弱貴族的中央政府常以憲章確認其新得的權利。

在世界史的進展中，第三步的前進是自由勞動的光榮之發見；更正確些說，是再發見，因爲自由勞動是從遠古時代自由狩獵民征服原始淺耕農民而享有他們勞動的結果以後，纔消滅的。自此以後，農民屈服于巴利亞 (Pariah) 的名義，其權利無人尊重。但在城郭之內，鞏固的都市之內，市民是可以揚眉吐氣的。他在一切意義上是一個自由民，即在法律上也是自由的，因爲我們在對于許多古代自由都市的權利特許證中，發見了一種規定，凡在都市內未經故主追尋而居住一年又一日的農奴，皆視爲自由民。

在都市城郭以內仍有多數等級的政治身分。最初那舊日的住民，與城外鄉村中的貴族有平等地位的人，城堡內的古代自由民，常拒絕新來的貧苦手工業者和小商人享有參與政府的權利。但是這種身分的等級在商業共同體內是不能夠維持的，我們在前說海上都市的情形中已經說過了。聰敏，猜忌，嚴密組織，密集生活的最大多數市民强制他們讓與平等的權利。與發達的封建國家中的鬥爭唯一的差異是發達封建國家中鬥爭的時期較長，因爲與鬥爭有關者不止這參與鬥爭的各造。鄉封的大土地領主與諸侯來相干涉以阻礙鬥爭勢力的充分發達。在古代的海國之中，卻沒有從中得利的漁人（Tertius gaudens）從市內鬥爭得到任何利益，因爲市外沒有那有力的封建領土制度存在。

這些都是都市與封建國家鬥爭的政治的武器：與王室同盟，直接攻擊，且把封建領主的農奴收入都市自由空氣之中。其經濟的武器也不弱于此，這便是改變現物支付制度爲以貨幣爲交換手段的制度，這種變革與政治變革是不可分離的，牠破壞了現物支付方法，因此便破壞了封建國家。

第三章　貨幣經濟的影響

貨幣經濟制度所發動的社會學的過程是人所熟知的，其機構是人所公認的，所以只提出簡單的論點便夠了。

在這兒，與海國的情形相同，侵入的貨幣制度的結果是中央政府殆成全能，反之地方權力則減削至完全無力。

統治自身並不是目的，不過是統治者達到他們實質的目的之手段，目的無他，卽不勞動而享受那多多益善且愈貴愈好的消費物。在自然經濟盛行的時候，除統治外別無獲得此物的方法，牧場的霸伯與土地諸侯以政治權力取得財富。所有的農民愈多，軍事權力愈大，征服的疆域愈廣，則收入愈多。但是農業生産物一旦可以換得可欲的貨品，則最合理的經濟主體便是私人，換句話說，每個封建地主最合理的是不做士地諸侯——武士也在內——儘量減少農民的數量，俾得以最少的農民以最有效的勞動從土地上收穫最大量的生產物，所以農民愈少愈好。因此突然增加的土地財產的純利益，拿到市場，出賣以購買商品，而不復用以養蓄扈衛的衛隊。衛隊既已解散，則武士便變爲單純的莊園管理人。依此事實，一擊之下，國王或王侯的中央權力，在統治上已無强敵，于是在政治上成爲全能。獗猖的家臣，從前震慴膺王使之戰慄，其後在封建國家的政府中又有分任統治的企圖，到現在卻變爲馴服的廷臣，乞憐于絕對的君主，如路易十四之類。君主且成了他們最後的後援，因爲軍事權力到現在唯有他纔是餉糈發放者亦唯有他纔能夠驅使之，所以唯有他纔能夠從不斷革命的佃農手上救護他們。在自然經濟時代，王室殆常與農民及都市同盟以反對貴族，現在卻看見封建國家所遺留的絕對君王與貴族同盟以反對那經濟手段的代表者了。

自亞丹斯密的時代以來，世人常慣用下列的方法以說明這個根本的革命，以爲那些愚蠢的貴族爲了這一盃肉羹，便出賣他們生來的權利，爲了愚笨的奢侈品而出賣他們的統治。這是再錯也沒有的見解。個人雖常誤于自保其利益，一個階級在任何長期間內是不會錯誤的。

事實是這樣的，貨幣支付制度很有力的很直接的强固了中央權力，即令沒有農民革命存在于其間，貴族的任何反抗都是沒有意義的。如古代歷史之所示，財政上較强的中央政府的軍隊，總是優越於封建的徵兵。貨幣能使農民之子武裝起來，訓練成職業的兵士，其堅固的組織總優越於武士的武裝集團之鬆懈的聯合。此外，在這個階段中，中央政府又可以把都市行會組織良好的連隊加以調度。

在西歐更加以火藥的使用。而火器又只有富裕都市的工業設施始能生產。因爲這些軍事技術的理由，即令不注意新出奢侈品而只希望維持或增進其獨立地位的封建領主，也必然委其領地于農民革命；因爲他爲鬥强計，在現在萬事之先必有貨幣，在新的經濟狀況之下，貨幣成了 Nervus rerum（物的神經），爲購買兵器或雇募軍隊所不可少。因此，依貨幣支付制度而第二個資本主義的偉大事業發生了；于土地財產的大規模經營之外，戰爭也是一大企業，——舞臺指揮者自己出場了。募兵軍隊所用的材料充滿了市場，這便是封建領主所遺散的衞士及土地爲領主所收奪的青年農民。

小貴族一躍而爲大諸侯的事例是很多的，例如在意大利便不止一次，又如晚近的三十年戰爭時期瓦倫斯太因(Albrecht Wallenstein)的事業。但此係個人運命的事實，對于最後結果沒有影響。地方權力因政治勢力的鬥爭而失却其獨立的權力中心，只在供應諸侯的財源的範圍以內，存留過去的殘餘力量；換句話說，只存留他們的封建財產所合成的國家。

王室權力無限制的增加，因貨幣支付制度的第二個創造物，即官僚制度，而更爲促進。我們已經詳述在官吏必須以「土地與農民」爲俸給，因此養大以自噬其臍的時期以內，魔術之圈必然強迫封建國家回旋于合併與分裂之間。貨幣支付發生則魔術之圈自破。自此以後，中央政府以俸給雇用人執行職務，永久從屬于其俸給支付者。（一三五）自此以後，永久樹立而密切集權的政府始可成立，于是那自從古代發達的海國以後未嘗存在的帝國成立了，而古代海國亦以貨幣經濟爲基礎。

政治機構的革命到處都是貨幣經濟所推動的，以我所知，只有一個例外，這便是埃及。在埃及，依專家的記述，並沒有確定的報告，貨幣交換制度似乎是到了希臘時代始成爲成熟的制度。在此時代以前，農民的貢賦是以現物支付的；（一三六）但是自放逐了畜牧王朝以後短時間內，在新帝國時代（約紀元前第十六世紀），國王的絕對主義已完全發達了：「軍事權力是以外國募兵支持，而行政是以依賴王室恩遇的集權官僚制度執行的，反之即封建貴族政治已經消滅」。（一三七）

這個例外似乎證實了原則。埃及是一個特殊的地理構造的國家。在山脈與沙漠之間，偏仄爲狹長的區域，有一個天然的大路，即尼羅河，貫通于全域之中，使軍載的運輸比最良的道路還要容易。這條水路使法老容易收集全國的賦稅而納于自己的倉庫卽所謂「庫房」Hausern)，(一三八)再由此以現物(Naturalibus)供給其禁衛軍與行政官。因此埃及一度合併爲一個帝國以後，直至外國勢力破滅其「國家」的生命爲止，長爲一個集權的國家。「這個環境是法老所以能在一個現物支付的地方運用偉大全能的權力的由來；日常消費物的排他的直接的統制是在于他的掌握。統治者可以隨自己所認爲適當的品質與數量，從其貨物全量之中分配之；因爲奢侈品殆全在他的手中，他因此遂享有非常的全能的權力」。(一三九)

除這個地方有偉大自然力完成任務以外，流通貨幣的權力似乎在無論何地都破毀了封建國家。

革命的痛苦乃加于農民與都市二者之肩。講和旣成，王室與小貴族互以農民爲犧牲，可以說是把他們瓜分了；王室以農民公有地最大部分及未曾收奪的勞動力的最大部分，許與貴族；貴族以農民都市兩者的徵兵及課稅權，讓與王室。在自由之中漸次富裕的農民遂再沉淪于貧苦之中，因此又陷入社會的劣等地位。從前的封建勢力聯合起來以屈服都市，除非都市本身便是封建的中央權力，例如上意大利。（但即令在此種情形，都市仍大部分陷入募兵將領即前述舞臺指揮者之手）。敵人的攻擊力愈强而都市的勢力益弱。因爲，隨農民的衰落而農民的購買力減少，以此爲基礎的都市因之也衰落了。小都市停滯且漸次困窮，無力自衞，成了土地諸侯絕對統治的俎上魚肉；大都市則因貴族有奢侈品的需要而新加了一個强大的工業要素，遂分裂爲多數社會羣，消耗其政治力量。湧入城郭的移民是遣散了的破壞的募兵，失業的農民，小都市的困窮手工業者；換句話說，是一個無產階級的移民。依馬克斯的用語，這兒初次出現了「自由勞動者」的羣衆，在都市的勞動市場中與自己的階級相競爭。于是「蓄積的法則」又來了，造成了社會階級與財產差別，分裂了都市的人口。階級之間在都市內開始野戰；因此而土地諸侯又取得統制權。其能從諸侯的權力之下逃避者，只有少數的純粹的「海國」或「都市國家」。

國家生活的重心，與海國相同，又轉移到別處了。國家生活重心從投入土地的財富移到了資本化的財富，因爲在這時期土地財產本身也變成「資本」了。那末，爲什麽不與海國一樣，不發達爲奴隸勞動的資本主義剝削呢？

這有兩個最要的原因，其一是內部的，其一是外部的。外部的原因是：在此時世界上任何部分，爲營利而行的奴隸獵取是難能的，因爲一切能夠往來的地方殆已全行組織爲強大國家。在還可以獵取奴隸的地方，例如西歐列強的美洲殖民地，奴隸勞動立即發達。

內部的原因是：內地的農民與海國的狀況不同，不是隸屬一個主人，至少有兩個主人，對于他的勞役特有權利，這便是諸侯與領主。兩個主人對于減少農民勞動能力的企圖，皆要拒絕，因爲這是有關于他們的利益的。尤其是強大諸侯爲農民盡力者最多，例如伯蘭頓堡普魯西亞（Brandenburg-Prussia）。因此原因，農民雖受了苛酷的剝削，但在封建制度完全發達而貨幣支付制度代替了現物支付制度的一切國家，卻保持個人的自由與臣民的地位而享有一切私權。

※在中世德意志，農民不獨貢賦于領主及諸侯，且須交納于邑長與監理官(Obermarker und Vogt)。

此說明之正確，其證據可于封建制度尚未成熟，而已行貨幣交換制度的諸國見之。

此說明尤適用于從前爲斯拉夫人所占領的德意志各區，特別是波蘭。在這些區域內，封建制度沒有像西歐需要農業生產物的大工業中心地那樣，發達成熟，沒有把公法上主體的貴族，變做私經濟利益的主體卽莊園所有者。在這些區域內，農民只供奉一個主人，是他的君侯也是他的領主；因此，前述的貴族共和國便成立了，這種國家，在較强的鄰國不加壓迫的限度內，殆將趨向于奴隸勞動的資本主義剝削制度。(一四〇)

下列事實是人所熟知的，所以只須簡單的說明。貨幣交換制度成熟便是資本主義，因此便造成新階級，與地主相併立：此新資本家要求與從前的特權階級有不等的權利，而最後，依下級平民（Plebs）之革命化而終竟得之。在向于已成的神聖的現狀進攻中，資本階級與下層階級，在「自然法」的旗幟之下，聯合起來。但是已得勝利之時，以流動財富為基礎的階級，即所謂中間階級，便向于下層階級倒戈，而與從前的仇敵攜手，在其向于舊日同盟者無產階級實行鬥爭之中，求援于合法主義，或利用那半以合法主義為基礎而半以假自由主義為基礎之萬惡的混合理論。

依上所述，國家漸從原始掠奪國家，經過發達的封建國家的階段，經過絕對主義，發達為現代立憲國家。

第四章　現代立憲國家

請少留時間說明現代國家的結構與活動。

在原理上，現代國家是與原始掠奪國家與發達封建國家一體的。但是加入了一個新要素——官僚制度（Beamtenschaft, Officialdom），此制至少有一個目的，即在各階級相與鬥爭之際，代表整個國家的共同利益。此目的之完成究能到什麼程度，當在別處說明。此時我們且就于從幼稚階段發達到此的諸特徵上研究國家。

其形式仍然是統治，其內容仍然是經濟手段的剝削。其剝削，仍然受公法的限制，而此公法一方面保護國民總生產的傳統的「分配」，他方面企圖維持納稅者及勞役義務者的完全效率。國家對內政策仍然回轉于階級鬥爭的離心力與國家共同利益的向心力所規定的平行四邊的軌道以內；其對外政策仍然是決定于統治階級的利益，除土地外尚包含貨幣的利益。

在原理上，與從前一樣，有相與分別的兩個階級：其一為統治階級，對于國民勞動的總生產，——經濟手段，——取得超過其所貢獻的數量；其一為被治階級，從總生產中得到少于其所貢獻的數量。兩階級中又各依經濟發達的程度，分為多少小階級或小社會層，各從其經濟的標準之優劣而為等差。

在高度發達的國家內，兩主要階級之間還有一個過渡的階級存在，也可以再分爲多數層。其中分子對于上層階級有供役的義務，而對于下層階級有受役的權利。以例明之，我們在現代德意志的統治階級中，發見了至少有三層。第一是大土地領主，同時又是大工業與礦業公司的主要股東；其次是工業主與「銀行閥」，也常爲大土地所有者。因此他們很迅速的與第一層合流。例如福格侯（Princes Fugger），從前是奧格斯堡（Augsburg）的銀行家，又如多納斯馬克伯（Counts of Donnersmarck）是西李西亞（Silesia）的大礦主。最後是小土地貴族，我們此後叫牠做 Junker 或「紳士」。被治階級包含小農，農業勞動者，廠工及礦工，以及小手工工人和下級使用人。「中間階級」是過渡的階級：包含大中農場所有人，小工業者，高薪的工藝家，此外則如猶太人之類的「資產階級」，其富力已足以克復傳統的障礙，而可與上層階級通婚。此種人皆對于上層階級提供無報酬的勞役，對于下層階級徵收無報酬的勞役。此實決定整個社會層或其中個人的結果；換句話說，或完全加入上層階級，或絕對沉入下層階級。（德國）過渡階級之中，大農與富工業者上升，反之則工藝家大部分皆下降于下層階級。以下再說階級的活動。

每個階級的利益推進了聯合的勢力所結成的實際集團的運動，以一定的動量驅使這個階級向于確定的目的而前進。一切階級皆有同一目的；這便是國民勞動的總生產。每個階級皆盡力取得最多的國民生產物；因一切階級都爲了同一客體而競爭，所以階級鬥爭發生了。除了整個國家利益產生共同行動以外，此階級鬥爭是一切國家歷史的內容。我們在此無須論及共同行動，因爲歷史研究的傳統方法從來重視此點，遂造成片面的偏見。在歷史上，此階級鬥爭表見爲黨爭。一個政黨在本原上在本質上不外乎一個階級的組織的代表者。如果一個階級，依社會的分化而分裂爲有相異的利益的小階級，則代表的政黨必立即分裂爲一群小政黨，依階級利益分歧的程度，或仍爲友黨，或互爲死敵。反之，如依社會的分化而本來的階級對立消滅了，則本來的兩政黨不久便混合爲一個新黨。第一種情形的實例是手工業者與反急円黨從德意志自由黨分裂出來，這是由于前者代表降落的社會群，後者代表上升的社會羣。第二個範疇的實例是東愛爾布地方的小土地紳士與西愛爾布地方的園藝富農相與爲政治上的混合而結爲農民同盟。因爲小土地紳士衰落而富農上升，故相遇于中途。一切政黨的政策只有一個意義，這便是爲其所代表的階級取得最多的國民生產物。換句話說，優惠階級期望至少能夠保持其從來的部分，如果可能，則增加到最大限度，只許被剝削階級恰可以維持生存，恰可以繼續勞動，恰與在養蜂家的蜂窩之內若相同。他們的目的在收獲經濟手段的全部剩餘生產，這剩餘是依人口加密及分工加細而增加的。反之，被剝削階級則願減少其貢賦到零點，而自己消費全部生產物。中間階級則盡力減少其對于上層階級的貢賦，同時又爲增加其由下層階級無報酬的收入而鬥爭。

這是一切黨爭的目的與內容。統治階級以其既得的統治所賦與的一切手段而從事鬥爭。其結果，統治階級注意于爲自己利益和自己目的而立法——階級立法。此種法律又巧妙適用，使正義之刀背向上而刃向下——階級司法。每個國家的治理階級運用國家的行政，在兩方面上爲的是本階級的利益。第一，爲其附從者保留軍隊中及政府優越機關中與法院中一切重要地位及一切有影響有利益的職務；第二，依此種人而指揮國家的全體政策，執行階級政治，如實行商業戰爭，殖民政策，保護關稅，在某程度內改良勞動階級的狀況，選舉改良政策之類。在貴族統治國家之時，他們與管理采邑一樣的剝削國家；在資產階級取得政權以後，國家受他們的剝削與工廠一樣。在一切罪惡尚能忍受之時，階級宗教又以其「勿觸社會的基礎」的教條掩蔽之。

在公法中仍有多數政治特權與經濟有利條件存在以優惠統治階級：例如在普魯西亞的金權選舉制(Plutokratisches Wahlrecht)，集會自由制限制(Koalitons beschrankung)，傭婢管理法(Gesindlordnung)等是。因此，經數千年而支配國家生活的憲法戰爭雖至今日尚未終局。政黨與階級鬥爭的另一種現象是爲改進生活狀況而鬥爭，常在國會議場中行之，但也常依市街示威運動，總罷工，或暴動以行之。

但是平民已確定的深知這些封建的殘壘，除落後的事例以外，並不是敵人的最後的營壘。使「財富的分配」即在現代立憲國家而原理仍不變者，其原因不能求諸政治條件而須求諸經濟條件。正與封建時代相同，人類大衆生活于貧苦之中；即令在最好的條件之下，他們有了生活上僅少的必要品，由于堅苦壓迫粗重的強制勞動得來，而不復由于政治剝削的權利之徵發，然而有效的強制勞動者的，仍然是經濟的需要。更有仍與未經改良以前正復相同者，最少數人，新統治階級，舊日特權與今日財富的持有者，徵收貢賦而日益肥贏；不獨無所貢獻于勞動，且以奢侈生活眩耀財富于勞動之前。自此以後，階級鬥爭愈益集中于這些以萬衆的分配制度爲基礎的經濟原因；階級鬥爭取了剝削階級與無產階級相與肉搏的形式，而以罷工，互助團體，產業工會行之。此種經濟組織首先要求承認，次則要求平等權利；爾後漸漸進入勞動黨的政治鬥爭，而最後則統御勞動黨的政治鬥爭。所以，在最後，工會實統御政黨。此種國家發達過程在大不列顛及北美合衆國見之。

如果現代國家沒有加入一個嶄新的要素——官僚制度，縱使立憲國家分化如何精密，完整如何堅固，而以其形式與內容論，與其原型究無差別。

在原理上，由國家金庫給養的國家官吏是與那相互衝突的利益之經濟鬥爭無關的；所以服務政府的任何人而從事于營利事業，這是可以正當的認爲不對的，而組織良好的官僚主義是不能認許的。如果這個原理，是能夠澈底實現的，如果每個官吏，——卽令是其中最好的，——不懷抱着他所出身的階級的國家觀念，則我們可以在事實上從官僚制度中，尋求與階級利益衝突無關的溫和的有秩序的勢力，國家依此或可達到其新的目的。官僚制度便可以成爲旋轉世界的亞啓米底氏 Archimedes)的支點了。

但是我們所不認說的是這個原理不能夠完全實現；並且，官吏仍然是真實的人類，不能夠變爲沒有階級意識的抽象人。卽令沒有下列的事實也是一樣的。至少在歐洲，參加一定形式的企業——例如持有大土地財產——是取得國家官位的最好途徑。如果土地貴族仍占優勢，則將來也是如此的。其結果，大陸各國許多的官吏，也可以說最有勢力的官吏，是受偉大經濟利益的壓迫的；因此在無意識之中，有時且反于他們的意思，陷入了階級鬥爭。

還有種種成因，例如父祖或岳父所出的特別津貼，或繼承財產，及與持有土地與貨幣利益者的親近關係或同盟關係之類，使官吏與統治階級相聯結，更有增進其聯結的是官吏都是從兒時有竹馬之交的一個階級中出身，在事實上是沒有例外的。如果沒有這種經濟利益的一致，則官吏的行動，或可完全受純粹的國家利益的影響了。

因此，在原則上，最有能力，最客觀的，最公正無私的官吏常見于窮苦國家。例如普魯西亞，因爲從前很窮，所以有卓絕不羣的官吏，支持之于一切艱難困苦之中。這些國家雇用人，以上述的原則論，直接間接的實在與營利事業完全絕緣。

在較富的國家中，這種理想的官僚是少見的。金權的發達，愈益吸收個人于漩渦，剝奪其客觀態度與公正性質。但是官僚仍然能夠完成現代國家所需求于他們的義務，反于任何階級的利益而保持國家的利益。他們保持國家的利益，有時反于他們的意思，至少他們對于事實沒有明瞭的意識，因此便造成官僚制度的經濟手段遂終竟戰勝了政治手段。官吏執行國內勢力的結合所規定的階級政治，這是沒有人懷疑的；在此範圍內，他們確是代表他們所自出的統治階級。但是他們確也反對兩個陣營中的極端派，確也在社會發達已經成熟之時，不待鬥爭尖銳化而主張修改現行法，因此他們確能緩和階級的苦鬥。如果有能力的王族御宇，其代表者採用佛蘭德利大王的政策，自認為「國家的第一個公僕」，則上面的說明更可以較強的程度來適用，因為他的利益在于國家的永久存續，所以首先促使他增進向心力而薄弱離心力。在前面敘述之中，我們曾在許多事例中看見了王侯與民衆的聯合是一個有價值的歷史的勢力。在完全立憲國家之內，其君主不過在極小的程度內是一個私經濟利益的主體，他幾乎完全是「一個官吏」。在這兒，其利益的共同，比封建國家或專制國家尤爲有力，因爲封建國家及專制國家的統治，至少有一半是以王侯的私經濟利益爲基礎的。

在立憲國家中，政府的外面形式並不是決定的成因；無論在共和國或是民主國內，階級鬥爭一樣的進行且產生同一的結果。然而我們不得不承認：若其他條件相等，君主國的國家發達的曲線必較爲延長而較少曲折，因爲王侯比之于短期間內選舉的總統，對于衆望的暫時喪失，影響較小，對于人民的暫時怨嫌，感覺較鈍，所以他能夠決定長久期間的政策。

我們必須指出官僚制度的一個特殊形式，即大學內科學的職員，其影響于國家的向上發達者決不應當輕視。這不獨是經濟手段的產物，與官僚本身相同，並且同時代表一個歷史的勢力，——因果推理之必要，從來是征服國家的同盟者。我們已經說過，此種必要在國家的原始階段，創造了迷信；迷信的混血兒即答布，是統治階級制治的最有效的手段。依同一必要，後來又發達了科學，攻擊並破壞迷信，準備了進化的路途。這便是科學，尤其鉅大的無價的歷史任務。

第七篇　國家發達的趨勢

我們已經發見國家從遠古到現在的發達過程，與探險家同，追隨河源下至于平原上的支流。其波瀾之來，寬宏有力，淹沒于天涯之間，直達于未曾探得亦未爲今日考察家所發見之域。

同樣寬宏有力的歷史之流——迄于今日，一切歷史都是國家史，——洶湧于吾人之眼前，其前途乃隱蔽于漂渺的雲霧之內。我們敢對于將來的進路設立假定，以至于「他懷抱着無限的歡忻，投入他倚門而望的嚴父之懷」嗎？（貴德的Prometheus）關于國家的將來發達，建立一個有科學基礎的診斷，是可能的嗎？

我相信這是可能的。國家發達的趨勢（一四一）必然無誤的到達于一點：在本質上，國家將脫離「發達的政治手段」而成爲「一個自由市民團體」。換句話說，其外殼在本質上仍保留立憲國家所發達的形式，國家行政仍以官僚制度行之。但今後的國家的內容，將因一階級對他階級經濟剝削的消滅而變更其重要本質。因爲今後的國家沒有階級及階級利益，則將來的官僚制度將眞正到達牠今日努力求達的理想——公共利益的公正無私的守護者。將來的「國家」是自治的「社會」。

就于「國家」與「社會」兩觀念的分界，書籍實汗牛充棟。但依我們的觀察點，則此問題却易于解決。「國家」是充分發達的政治手段，「社會」是充分發達的經濟手段。今後國家與社會將結合而不可分離；在「自由市民團體」中，將無「國家」而有「社會」。

此對于國家的將來發達之預斷，實包容歷來大歷史哲學家所依以決定世界史「價值結果」的一切有名的公式。牠包容聖西門(St. Simons)的「從戰鬥活動到和平勞動的進步」，及黑格爾(Hegel)的「從奴隸到自由的發達」，以及赫德兒(Herder)的「人道的進化」，以及徐來爾馬赫(Schleirmacher)的「依自然的理想的貫徹」。

在我們的時代，已經沒有那古典主義及人道主義作家的樂觀論了，社會學的悲觀論實支配晚近的時期。此處所述的預斷尚不能得到多數的贊成人。不獨是得到了統治利益的人，受其階級精神的制御，必以此預斷爲不可信的觀念，卽令屬于被治階級者亦必以根本懷疑態度相看。無產階級理論，在原理上，亦預見同一的結果，這是無疑的。但是此種理論的主張者不信進化可以到達目的而以爲必經革命。所以他們以爲將來是一幅「社會」的畫圖，一切現象都與歷史進化所造成者相反；換句話說，是一個經濟手段的組織，是一個無競爭無市場的制度，是集產主義。無政府主義的理論則比「國家」的形式與內容于楔釘之首與尾；以爲沒有不剝削的「政府」！因此無政府主義要把國家的形式與內容二者一併廢除，造成一個無政府狀態，便是分工的經濟利益也要犧牲。卽令偉大的思想家如首先樹立本書的國家理論基礎之故根勃羅維奚 (Ludwig Gumplowicz) 也是個社會學的悲觀論者；其推論恰與他所痛駁的無政府主義相同。他也以爲形式與內容，政府與剝削，是永遠不可分離的；因爲他沒有想到許多民族，沒有掌握强制權力的政府，也可以共同生存，所以他主張階級國家是內心固有的範疇，而不是歷史的範疇。

只有一小派社會自由主義者，或自由的社會主義者，相信沒有階級統治及階級剝削的社會的進化，此種社會對于個人，在經濟手段的限制以內，可以保證其政治的及經濟的行動自由。這是舊社會自由主義的信條，先曼切斯脫時代的信條，爲克斯雷(Quesnay)尤其是亞丹斯密所唱導，在現代又爲亨利喬治(Henry George)及黑爾治加(Theodore Hertzka)所再用。

此預斷可依兩個途徑而實證：其一依歷史與哲學，其他依政治經濟學，其一是國家發達的趨勢，其他是經濟進化的趨勢，二者顯然同趨于一點。

國家發達的趨勢，依前所述，是經濟手段向于政治手段的堅決的勝利的戰爭。我們已經看見了對于經濟手段的權利，對于平等與和平的權利，在最初只限于血統所結合的團體以內，爲前人類社會狀態的賜物；(一四二)反之，此和平之島以外，則爲政治手段的狂風所怒襲。但是我們又看見了和平的法律愈益擴大其範圍而驅逐其敵軍，到處可以看見和平的法律與經濟手段相攜前進，與兩羣之間等價物交換制度相攜前進。最初的交換或許是火的交換，其次爲婦女的交換，最後爲貨物的交換，和平的領域漸次伸張。牠首保護市場所在地，次保護到達市場的通衢，最後又保護通衢上往來的商旅。

在論述之中，我們曾指示「國家」如何吸收並擴大此種和平組織，而其結果，如何放逐了過去唯以權力爲基礎的權利。商人法變成了都市法；工業都市即發達的經濟手段破毁了封建國家即發達的政治手段；而最後則市民羣衆在公開戰爭之中殲滅了封建國家的政治殘滓，爲國內全人口重爭得自由與平等權利，都市法遂變成了公法，最後復變成了國際法。

並且，到處看不見何種勢力，能夠有效抵抗此今後的有力趨勢。反之則過去時期暫時阻止此過程的障礙，顯已愈趨微弱。國際貿易及商業關係已在諸國民之間取得了超過那衰退的戰鬥政治關係的優勢；在國內的範圍之中，依同一經濟發達過程和平權利之創造物卽流動資本，以繼長增高的勢力，而優越于戰鬥權利的創造物卽土地財產權。同時，迷信愈益喪失其影響。所以，我們可以正當的得到一個結論：此趨勢必然到達其論理的目的，排除政治手段及其一切工作，直至經濟手段完全勝利爲止。

然而也可以提出異議以爲在現代立憲國家中，古代戰爭權利的一切主要餘孽皆已掃除了。

但是，此種制度的餘孽大抵存留，不過是藏于經濟的面具之內，不復是法律的特權，只不過經濟的權利，這便是大土地的所有權——政治手段最初的產物及最後的堡壘。假面具保持了牠，使逃脫其他一切封建創造物的運命。而這個戰鬥權利最後的餘孽，仍然是人道前途最後唯一的障礙，這是無疑的；但經濟的發達正在破壞牠，也是無疑的。

要實證這些要點，我請讀者參考著者的其他著作，在其他著作中，我敍述了上而說明的詳細證據，大部分不能在此處複述。（一四三）我只能複述各書中的要點。立憲國家內各階級間之經濟手段總生產的分配，即所謂「資本主義的分配」，與封建國家內所行者，在原理上並沒有差異。

一切較爲重要的經濟學派莫不一致尋求下列事實的原因——「自由」勞動者（依馬克斯，在政治上自由而在經濟上沒有資本的）永久超過需要，因此乃有「資本的社會關係」之存在。「常有兩個勞動者追求一個資本家去找工作，相互之間，減低了工錢」，所以「剩餘價値」常歸于資本階級，而勞動者永沒有機會爲自己造成資本而成爲雇主。

自由勞動者供給過剩是從何而來的呢？

「資本階級」理論的解釋以爲此種供給過剩是由于無產階級父母生育子女的過剩，此說是基于論理的錯誤的，是與一切既知事實相反的。（一四四）

無產階級理論的解釋以爲資本主義生產過程本身產生了「自由勞動者」，因爲牠

頻頻採用節省勞動力的機器，此說也是基于論理的錯誤的，也是與一切既知事實相反的。（一四五）

一切事實的證據所指示吾人者，爲下列不含矛盾的結論：——「自由勞動者」的供給過剩是由于大土地的私有權；從此種土地財產上向于都市及海外的移民，是資本主義分配的原因。

在經濟發達中，有一個發展的趨勢，必然使大土地私有制漸次消滅，這是無疑的。這便是大土地私有制因舊日農奴之解放而致死，且沒有挽救的希望，——這便是都市發達的必然的結果。在農民取得了不經過領主特許而可以自由移轉的權利(Freizuegigkeit)的時候，他們便得到了從舊日壓迫他們的農村逃脫的機會。此自由移動制度引起了「由海外而來的競爭」，同時又引起了大陸上農業生產物價格的低落，而又使工錢有永久抬高的必要。依這兩個成因，地租從兩方面減低，必漸次降到零點，因爲這兒沒有變更此過程的反對勢力。（一四六）於是大土地私有制度破毀了。此制一經消滅，卽不復有「自由勞動者」的供給過剩。反之，「兩個雇主追隨一個勞動者，而必須自己抬高工價了」。資本階級將不復有「剩餘價值」，因爲勞動者自己能夠造成資本而自爲雇主。依此而政治手段最後的遺迹便破壞了，只有經濟手段執掌政權。此種社會的內容，是等價的商品與商品交換或勞動力與商品交換的「純粹經濟」（一四七），而社會的政治形式，是「自由市民團體」。

這個理論的演繹更有歷史的經驗證實之。凡是一個社會，其中若沒有大土地私有以徵收繼續增長的地租，則必有「純粹經濟」的存在，而其社會必近似于所謂「自由市民團體」的國家形式。

此種共同體可于紀元後一千年起四個世紀內（一四八）的德意志見之，在紀元後一千年間，原始大土地制發達爲社會上無害的大地域的統治，直至一千四百年間，在原屬斯拉夫人的領域內發生了掠奪戰爭，驅逐土着住民西至於愛爾布河之外，依此種政治手段有大土地私有制勃興了。（一四九）還有這樣一個共同體是烏達的莫爾孟國（the Mordon state of Utah），——至今還沒有大變，——有一個賢明的土地立法，只准許中小農場的私有。（一五〇）這樣一個共同體又可于北美合衆國伊窩窪州的凡因蘭（Vineland）市及其鄉村見之，（一五一）每個住民均可取得土地，但不許增加地租。這樣一個共同體，最顯著的是新錫蘭，其政府以全力獎勵中小土地的私有，同時依其命令以一切手段減縮並解散大土地財產，依此方法，因爲沒有過剩的勞動者，地租的生產殆不可能。（一五二）

在此情形中，實有可驚的平等幸福，——不是機械的平等，而是沒有財富。因爲幸福是對于消費品的統制，反之則財富是對于人類的統治。在此種情形之中，沒有生產手段即「資本」能夠生產「剩餘價值」；沒有「自由勞動者」，沒有資本主義；而共同體的政治形式與「自由市民團體」密切接近，且日益趨于接近，只要那從戰鬥權利發生且以戰鬥權利爲基礎的四鄰的國家容許其發達。「國家」解體了，其在新地域如烏達及新錫蘭，則回歸到發達的最初階段了；不知道階級鬥爭的自由民的自由決定，日益澈底的實現了。即如在德意志帝國內，帝國自由都市聯盟之政治的勃興，封建國家之崩壞，其時尚包含都市內全體「平民」的工藝者之解放及都市貴族對于都市政府的統治之衰落，此數者間嘗有平行的發達。這種有利的發達，乃因舊德意志帝國東境有新興原始封建國家的建立而停止，因此，德意志文化的經濟之花破毀了。凡是相信歷史有意識的目的者必以爲人類在得到安以慰前必須再經一番痛苦的歷練。中世時代已發見了自由勞動制度，但未能發達以臻於全能全效之域。却留待資本主義的新奴隸制度來發見並且來發達這效率無比的工廠內合作及分工的勞動制度，使人類戴上統制自然力的王冠，而爲地球之王。古代的奴隸制度以及現代資本主義的奴隸制度各曾一度是必要的，現在却成爲贅瘤了。依歷史的傳述，每個自由雅典市民處分着五個奴隸；但我們對于現代社會的市民同志已提供了大羣的奴隸勞力——不從事于創造價值的鋼鐵之奴隸。自此以來，我們發達了較高于培利克李斯(Pericles)時代的文明，因爲現代社會的人口，權力，及財富，遠過于雅典小國的人口權力及財富。

雅典有死滅的定命——因其有經濟制度的奴隸制度，因其有政治手段。一旦走上了這條道路，則除了人口的死滅便沒有前程。我們的道路却是一條生路。

不論是依論述國家發達趨勢的歷史哲學的觀察，或依論述經濟發達趨勢的政治經濟學的研究，皆可以得到同一結論；這便是經濟手段在全戰綫上總是勝利的，反之政治手段則依其最舊式最有害于生活的創造物而消滅于社會生活之外：資本主義與土地財產與地租而俱滅。

這是人類受苦與得救的大路，這是人類的哥爾哥達(Golgotha)悲劇與其向于永久王國而復活的喜劇，——從戰鬥到和平，從人羣的分裂到人類的和平相結，從獸性到人道，從强盜國家的剝削到自由市民團體。

——完——

註

（一）「歷史不能夠指出一個民族，其分工及農業的最初痕迹與此種農業的剝削不相符合，其勞動的負担不歸屬于一人而勞動的收穫不收奪于他人，換句話說，其分工不是依一人向他人的屈服而發達的」。——Robertus-Jagetzow, Illumination on the Social Question 第二版，Berlin, 1890, P. 124.（參考，Immigration and Labor, The Economic Aspects of European Immigration to the United States, by Dr. Issac A. Hourwich. Putnams, N. Y., 1912—Gittermann）

（二）Achelis, Die Ekstase in ihrer kulturellen Bedeutung, Vol. I of Kulturprobleme der Gegenwart, Berlin, 1902.

（三）Grosse, Formen der Familie. Freiburg and Leipzig, 1896, P. 39

（四）Ratzel, Volkerkunde, Second Edition, Leipzig and Wien, 1894-5,

II, P. 372.

（五）Die Soziale Verfassung des Inkareichs. Stuttgart, 1896, P. 51.

（六）Siedlung und Agrarwesen der Westgermanen, etc. Berlin, 1895, I, P. 273.

（七）L. C. I, P. 38.

（八）Ratzel, L. C. I, P. 702.

（九）Ratzel, L. C. II, P. 555.

（十）Ratzel, L. C. II, P. 555.

（十一）例如拉側爾（L. C. II, P. 214）所述的奧凡博人（Ovambo），「似乎是有奴隸的身分」。依拉菲也氏則古代愛爾蘭人（Fuidhirs）也如此。

（十二）Ratzel, L. C. I, P. 648.

（十三）Ratzel, L. C. II, P. 99.

(十四) Lippert, Kuturgeschichte der Menschheit. Sluttgart, 1886, II, P. 302.

(十五) Lippert, L. C. II, P. 518.

(十六) Romische Geschichte, Sixth Edition. Berlin, 1874, I, P. 17.

(十七) Ratzel, L. C. II, P. 518.

(十八) Ratzel, L. C. I, P. 425.

(十九) Ratzel, L. C. II, P. 545.

(二十) Ratzel, L. C. II, P. 39`-1.

(二十一) Ratzel, L. C. II, P. 390-1.

(二十二) Lippert, L. C. I, P. 471.

(二十三) Kulischer, "The History of the Development of Interest from Capital." Jahrbucher fur National OEconomic. III series, vol., 18, P. 318.

Jena.,1899:（Strabo說道：「刧掠者因其故土的窮乏的給養，遂貪求別人的土地」。）

（二十四）Ratzel, L. C. I, P. 123.

（二十五）Ratzel, L. C. I, P. 591.

（二十六）Ratzel, L. C. II, P. 370.

（二十七）Ratzel, L. C. II, P. 390-1.

（二十八）Ratzel, L. C. II, P. 388-9.

（二十九）Ratzel, L. C. II, P. 103-4.

（三十）Thurnwald, Staat und Wirtschaft im altem AEgypton. Zeitschrift fur Soz. Wissenchaft, vol. 4, 1901, P. 700-01.

（三十一）Ratzel, L. C. II, P. 404-5.（Gumplowicz, Rassenkampf, P. 264:「埃及，富饒且自足，——Ranke說——誘起了敬奉他神的鄰國的貪求。在畜牧民族的尊名之下，从國王朝與外國部落統治埃及者數百年。

「真的，世界略史的開始，沒有比 Ranke 這些話再有特色些的。因爲在這些適用于埃及的話裏，人類全部歷史的菁華盡在此了」。——Gittermann)

（三十二）Ratzel, L. C. II, P. 165.

（三十三）Ratzel, L. C. II, P. 485.

（三十四）Ratzel, L. C. II, P. 480.

（三十五）Ratzel, L. C. II, P. 165.

（三十六）Buhl, Soziale Verhaltnisse der Israeliten, P. 13.

（三十七）Ratzel, L. C. II, P. 455.

（三十八）Ratzel, L. C. I, P. 628.

（三十九）Ratzel, L. C. I, P. 625.

（四十）Cieza de Leon, "Seg. Parte de la cronica del Peru." P. 75. 爲 Cunow, Inkareich (P. 62, note 1) 所引用。

（四十一）Cunow, L. C. P. 61.

（四十二）Ratzel, L. C. II, P. 346.

（四十三）Ratzel, L. C. II, P. 36-7.

（四十四）Ratzel, L. C. II, P. 221.

（四十五）「在瓦胡馬人中，婦人比在黑人中占有較高的地位，爲其男子所慎重守護。此使互婚困難。即在今日，瓦胡馬的羣衆，雖兩族的上層階級互有親屬關係，如果彼此不因一爲農民一爲游牧民，一爲治者一爲被治者，一受輕蔑一受敬奉而嚴相對立，則不能夠仍爲道地的黑人了。在此種特殊情形中，他們實代表一典型的現象，在其他諸點上頻頻發見」。——Ratzel, L. C. II, P. 177.

（四十六）Ratzel, L. C. II, P. 178.

（四十七）Ratzel, L. C. II, P. 198.

（四十八）Ratzel, L. C. II, P. 476.

(四十九) Ratzel, L. C. II, P. 453.

(五十) Kopp, Griechische Staatsaltertumer, 2, Aufl., Berlin, 1893, P. 23.

(五十一) Uhland, Alte hoch und niderdeutsche Volkslieder, I, (1844) P. 339 爲 Sombort, Der moderne Kapitalismus, Leipzig, 1902, I, Pp. 281-5 所引用。

(五十二) Inama-Sternegg, Deutsche Wirtsch-Gesch., I, Leipzig, 1879, P. 59.

(五十三) Westermarck, History of Human Marriage, London, 1891, P. 368.

(五十四)比較 Ratzel, L. C. I, P. 81.

(五十五) Ratzel, L. C. I, P. 156.

(五十六) Ratzel, L. C. I, Pp. 259-60.

(五十七) Ratzel, L. C. II, P. 434.

(五十八) I. Kulischer, L. C., P. 317. 其中還有他例。

(五十九) Westermarck, L. C., P. 400, 載有多數民族學的實例。

(六十) Westermarck, L. C., P. 546.

(六十一) 比較 Ratzel, L. C. I, Pp. 318, 540.

(六十二) Ratzel, L. C, I, P. 106.

(六十三) Ratzel, L. C. I, P. 335.

(六十四) Retzel, L. C. I, P. 346.

(六十五) Ratzel, L. C. I, P. 347.

(六十六) Buecher, Entstehung der Volkswirtschaft, Second Edition, Tubingen, 1898, P. 301.

(六十七)比較 Ratzel, L. C. I, P. 271，關于太平洋諸島人說道：「部落與部落的交通是以不可侵犯的使者行之，最好的是婦人。他們也做商業的居間者」。並參看 P. 317, 澳大利亞的同樣習慣。

(六十八) L. Katscher 德譯本，Leipzig, 1907.

(六十九) Ratzel. L. C. I, P. 81.

(七十) Ratzel, L. C. I, Pp. 478-9.

(七十一) A. Vierkandt, Die wirtschaftlichen Verhaltnisse der Naturvolker. Zeitschrift fur Soz. wissenschaft II, Pp. 177-8.

(七十二) Kulischer, L. C. Pp. 320-1.

(七十三) Lippert, L. C. I, P. 266 以下。

(七十四)比較 Westermarck, L. C.

(七十五) Ratzel, L. C. II, P. 27.

（七十六）Herodotus IV, 23, 爲 Lippert, L. C. I, P. 459 所引用。

（七十七）Lippert, L. C. II, P. 170.

（七十八）Mommsen, L. C. I, P. 139.

（七十九）在印度附近的島人之中，也有同樣情形。在此處，馬來人便是海寇。「殖民是一個重要成因，其征服與海外移民……使人回想古代希臘的游動部落所做的事業。……一切沿海地帶皆有異族的成分，皆不速而來，且多侵害土着。Tornate的統治者准許貴族門閥有征服的權利，他們後來成了 Buru Serang 等島的半主權的副王」。

（八十）Mommsen. L. C. I, P. 132.

（八十一）Mommsen L. C. I P. 134.

（八十二）Ratzel, L. C. I P. 160.

（八十三）Ratzel, L. C. II, P. 58.

（八十四）Buhl, L. C., P. 48.

（八十五）Buhl, L. C. Pp. 78-79.

（八十六）Mommsen, L. C. II, P. 406.

（八十七）Ratzel, L. C. II, 191; Pp. 207-8.

（八十八）Ratzel, L. C. I, P. 363.

（八十九）Mommsen, L. C., P. 46.

（九十）皆爲 Kulischer, L. C., P. 319, 從下列各書所引：Buechsenschuetz, Besitz und Erwerb im grieschischen Altertum; and Goldschmidt, History of the Law of Commerce.

（九十一）Ratzel, L. C. I, P. 203.

（九十二）F. Oppenheimer's Grossgrundeigentum und Soziale Frage. Book 2, Chap. I, Berlin, 1898.

（九十三）游牧主義最顯著的特徵是從族長的條件，容易發達爲有最大權力的專制行爲。——Ratzel, L. C. Vol. II, Pp. 388-9.

（九十四）Ratzel, L. C. I, P. 408.

（九十五）Cunow, L. C., Pp. 66-7. 在馬來羣島住民之中，可以發見多數實例于 Radak。(Ratzel, L. C. I, P. 267)

（九十六）Buhl, L. C., P. 17.

（九十七）Ratzel, L. C. II, P. 66.

（九十八）Ratzel, L. C. II, P. 118.

（九十九）Ratzel L. C. II, P. 167.

（一百）Ratzel, L. C. II, P. 218.

（一〇一）Ratzel, L. C. I, P. 125.

（一〇二）Ratzel, L. C. I, P. 124.

（一〇三）Ratzel, L. C. I, P. 118;

（一〇四）Ratzel, L. C. I, P. 125.

（一〇五）Ratzel, L. C. I, P. 346.

（一〇六）Ratzel, L. C. II, P. 245.

（一〇七）Ratzel, L. C. I, Pp. 267-8.

（一〇八）Mommsen, L. C. III, Pp. 234-5.

（一〇九）Ratzel, L. C. II, P. 167.

（一一〇）Ratzel, L. C. II, P. 239.

（一一一）Ratzel, L. C. I, P. 128.

（一一二）Weber, Weltgeschte, III, P. 163.

（一一三）Thurnwold, L. C., Pp. 102-3.

（一一四）Thurnwold, L. C., P. 712. 參照 Schneider, Kultur und Denken der alten AE gypter, Leipzig, 1907, P. 38.

（一一五）Ratzel, L. C. II, P. 599.

（一一六）Ratzel, L. C. II, P. 362.

（一一七）Ratzel, L. C. II, P. 341.

（一一八）Meitzen, L. C. II, P. 633.

（一一九）Inama-Sternegg, L. C. I, Pp. 140-1.

（一二〇）Mommsen, L. C. V, P. 84.

（一二一）參照詳細的說明，F. Oppenheimer, L. C. Book II, Chap. 3.

（一二二）Mommsen, L. C. III, Pp. 231-5.

（一二三）Thurnwald, L. C., P. 771.

（一二四）Meitzen, L. C. I, Pp. 362 以下。

（一二五）Inama-Sternegg, L. C. I, Pp. 373, 386.

（一二六）F. Oppenheimer, L. C., P. 272.

（一二七）Thurwald, L. C., P. 706.

（一二八）Ratzel, L. C. II, P. 503.

（一二九）Ratzel, L. C. II, P. 518.

（一三〇）Meitzen, L. C. I, P. 579.「當 Lex Salica 編纂之際，古代種族的貴族已降落爲普通自由民，否則被殺。反之，官吏則以三倍身價金計算，如果一人爲三百 Solidi，官吏卽爲六百」。

（一三一）Thurnwald, L. C., P. 705.

（一三二）Inama-Sternegg, L. C. II, P. 61.

（一三三）Thurnwald, L. C., P. 705.

（一三四）「萊茵軍隊較大的營團，半依隨軍者與隨營者，特別是依于服務已滿尙留本營的老 而得到都市的聯絡。因此于軍營之外，形成了獨立的陋屋街(Canabae）。在帝國全域內，尤其是在日耳曼諸省，隨時從徵兵軍營中，特別是從本營中，發生了現代意義的都市」。——Mommsen, L. C. V, P. 153.

（一三五）Eisenhardt, Gesch, der National Oekonomie, P. 9 說道：「依于新興的流動的現金支付的助力，于是能夠產生新興的獨立的士兵與官吏。因爲他們是定期的發俸，所以他們不能夠獨立（如同封建貴族那樣），而必須倚賴發俸的主人」。

（一三六）Thurnwald, L. C., P. 773.

（一三七）Thurnwald, L. C., P. 680.

（一三八）Thurnwald, L. C., P. 709.

（一三九）Thurnwald, L. C., P. 711.

（一四〇）比較 F. Oppenheimer, L. C. Book II. Chap. 3.

（一四一）「趨勢，便是一個法則，其實現受反對情形的限制，或被遲延；或被削弱」。——Marx, Kapital, Vol. III, P. 215.

(一四二)參照 P. Kropotkin 的名著 Mutual Aid in its Development.

(一四三)參照 F. Oppenheimer, Siedlungsgenossens chaft etc., Berlin, 1896, 及其 Grossgrundeigentum und Soziale Frage, Berlin. 1898.

(一四四)參照 F. Oppenheimer, Bevolkerungsgesetz des T. R. Malthus. Darstellung und Kritik, Berlin-Bern, 1901.

(一四五)參照 F. Oppenheimer, Grundgesetz der Marxschen Gesellschaftslehre, Darstellung und Kritik, Berlin, 1903.

(一四六)參照 F. Oppenheimer, Grundgesetz der Marxschen Gesellschaftslehre, 特別是第十二篇,「資本主義發達的趨勢」。

(一四七)參照 F. Oppenheimer, Grossgrundeigentum, Book I, Chap. 2. Section 2.「社會學的哲學」,五十七頁以下。

（一四八）參照 F. O. penheimer, Grossgrundeigentum, Book II Chap. 2. Section 3. P. 322.

（一四九）參照 F. Oppenheimer, Gross-rundeigentum Book II, Chap. 3. Section 4. 尤其是四二三頁以下。

（一五〇）參照 F. Oppenheimer, "Die Utopie als Tatsache", Zeitschrift fur Soziale-Wissenschaft, 1889, Vol. II, Pp. 190 以下。

（一五一）參照 F. Oppenheimer, Siedlungsgenossenschaft, Pp. 477 以下。

（一五二）參照 Andre Siegfrild, La democratie en Nonvelle Zelande, Paris, 1904.

——完——